JN411245

바람같은 인연들

오명희 수필집

바람같은 인연들

2019년 11월 23일 초판 1쇄 발행

지은이 오명희
펴낸이 윤영진
편 집 함순례
표지그림 이수련
펴낸곳 도서출판 심지
등록 제 2003-000014호
주소 34570 대전광역시 동구 대전천북로 12
전화 042 635 9942
팩스 042 635 9941
전자우편 simji42@hanmail.net

ISBN 978-89-6627-179-5 03810

* 이 책은 충청남도, 충남문화재단 후원으로 출간되었습니다.

* 이 도서의 국립중앙도서관 출판예정도서목록(CIP)은 서지정보유통지원시스템 홈페이지(http://seoji.nl.go.kr)와 국가자료종합목록 구축시스템(http://kolis-net.nl.go.kr)에서 이용하실 수 있습니다. (CIP제어번호 : CIP2019046974)

바람같은 인연들

오병희 수필집

책을 내며

오랫동안 가슴속에 묻어 두었던 이야기들을 한 권의 책으로 엮으며 밤잠을 설쳤습니다. 감추고 싶은 속내를 보이는 듯 부끄러움이 앞섭니다. 땅속 깊이에서 오래된 묵은지를 꺼내는 듯 조심스럽습니다. 묵은지는 잘 익어야 담백한 맛이 나는데 그 맛이 어떨지 말입니다.

감칠맛 나는 겉절이 같은 글도 쓰고 싶습니다. 멋 부림엔 서툴지만, 속정 깊고 친근해 누구나 마음 편히 만날 수 있는 친구, 깊은 맛과 상큼한 맛이 어우러진 그런 글을 쓰고 싶습니다. 소박하지만 진솔한 삶의 이야기를 나누고 싶습니다.

어느새 황금돼지해가 저물어갑니다. 몇십 년을 묵묵히 걸어온 길 뒤 돌아봅니다. 때로는 거센 비바람을 만나 휘청거리기도 했었지요. 문학이 큰 버팀목이 되었던 세월, 시련은 있었지만, 실패는 없었습니다. 보이지 않던 길이 보이기 시작했습니다.

해는 기울고 있지만, 내 삶을 정리해가는 현시점이 참 좋습니다. 하루 스물네 시간이 어찌 지났는지도 모릅니다. 그동안 계간지에 실었던 글들과 새로이 써놓은 글들을 모으며 가슴이 뜨거웠습니다. 남아 있는 시간 더욱 아끼며, 미처 돌아보지 못한 삶의 뜨락을 가꾸렵니다.

한적한 찻집에서 처음 만났듯, 이젠 계룡산 기슭에 둘만이 남았습니다. 창문 너머로 일곱 산봉우리가 산수화처럼 펼쳐져 있는 곳, 철따라 다른 빛깔의 풍광으로 꿈과 희망을 안겨준 자연의 보답할 때이지 싶습니다.

책을 내기까지 곁에서 큰 힘이 되어준 남편과 가족에게 고마움을 전합니다. 아스라한 인생길, 길동무가 되어준 분들께 고개 숙여 감사드립니다.

2019년 가을

오 명 희

차례

소중한 인연들

추억의 장터길

잃고 얻는 것

용수천의 추억

마음 따라 걷는 길

평소 나는 산책을 즐긴다. 식전에 호젓이 걷는 둑길은 나 홀로 즐기는 자연의 축제장이다. 봄이면 각기 다른 표정의 꽃들이 피어나 나를 반겨준다. 보아 주는 이 없는 잡초들조차 나를 반기는 듯 꽃을 피워 미소를 짓는다. 나는 미처 꽃망울을 채 터뜨리지 못했던 녀석들의 모습이 궁금해 아침 산책을 나서곤 한다. 살짝 봉우리를 터뜨린 그 모습을 가장 먼저 내가 보고 싶기 때문이다.

용수천변 둑길은 언제나 생기가 넘친다. 이따금 나는 둑길을 거닐며 자연의 소리에 귀를 기울인다. 그러면 금세 정신이 맑아지고 마음이 평온해진다. 세상 그 어떤 물건이 나를 그리 평화롭게 만들어 줄까. 그래서 자연을 위대한 스승이라 하는가 보다. 꽃향기 내뿜는 둑길에서 드넓은 들판을 바라보고 있으면 가슴이 확 트인다. 자연은 저절로 글감이 모아지는 내 마음의 글밭이기도 하다.

길의 종류는 다양하다. 숲길, 둑길, 고샅길, 언덕길, 샛길, 오솔길 등 그 모든 길은 공간 이동의 각기 다른 수단이지만 각기 다른 분위기로 내 마음을 사로잡는다. 그중 나는 숲길을 가장 좋아하지만, 둑길은 내 집 가까이 있기에 자주 찾는다. 그 길은 언제나 내 마음을 푸근하게 감싸주는 아득히 먼 추억의 마당이 펼쳐지는 곳이다.

신혼 시절 남편과 나는 종종 둑길을 찾곤 했다. 땅거미가 내리고 별빛 쏟아지는 무더운 여름밤이면 둘만의 시간을 가졌다. 시부모님 눈을 피해 오붓이 데이트를 즐겼다. 때로는 용수천에서 다슬기와 우렁이도 잡으면서 새로운 미래를 꿈꾸곤 했다. 둑길은 그렇듯 우리 부부의 소박한 추억이 담겨있는 곳이다. 때로는 서로 다른 의견을 조율하는 화합의 자리가 되어 주기도 했다.

얼마 전부터 나의 출근길 운전은 남편이 도맡아 해준다. 그러나 남편이 출타 중인 날엔 어쩔 수 없이 대중교통을 이용한다. 나의 산책코스인 둑길을 걸어 대전행 완행버스에 몸을 싣는다. 나의 일터에 이르는 지름길이 있지만, 일부러 현충원역에서 하차해 물길 따라 꽃을 피우는 야생초들의 배웅을 받으며 유성천변을 걷는다. 그곳에서 가게까지의 거리는 30분이 채 걸리지 않는다. 그러니 걷기 운동에도 안성맞춤이다.

그때마다 나는 한 번도 가보지 않은 길은 통해 유성천변을 향한다. 몇십 년 동안 출퇴근을 하면서 눈여겨 둔 고샅길을 걸어보는 재미도 쏠쏠하다. 호기심 깃든 길은 그렇게 내 마음을 이끈다. 그곳은 집 근처 둑길만은 못 해도 맑게 흐르는 물소리가 귀를 즐겁게 해주어 출근길에 색다른 즐거움을 준다. 자연이 주는 선물은 내게 아무것도 요구하지 않으면서 무한히 베풀기만 하는 어머니의 사랑만 같다.

맹자는 길은 가까운 데 있는데 먼 데서만 찾는다고 사람들의 어리석음을 한탄한다. 그가 말하는 길은 사람들이 찾는 바른 인생길을 의미하겠지만 내가 걷는 둑길은 내게 글감을 주는 글밭이자 평화를 가져다주는 마음의 길이다. 그러니 나의 인생길에 꼭 필요한 길이 아닐 수 없다. 봄이면 제비꽃과 수선화가 수줍게 얼굴을 내밀고 한여름날이면 달맞이꽃과 참나리 꽃이 흐드러지게 피는 곳, 용수천변 둑길은 그렇듯 언제나 풍요롭다. 해맑은 물소리 따라 온갖 새들이 시름없이 날아든다. 그렇게 둑길은 온갖 자연의 소리가 하모니를 이루는 축제장이다.

봄날이 오기 전에는 땅속에 숨어 사는 수선화를 보면 우리 모녀에게 악몽 같았던 지난 어느 봄날이 떠오른다. 남편이 수선화 구근을 마당에 심은지도 모르고 풋마늘로 착각을 했다. 어쩌면 생김새가 풋마늘과 똑같던지 그날은 그것을 뜯어 특별히 딸아이가 좋아하는 왕새우 풋마늘 볶음을 했다. 아침 일찍이 출근하는 딸아이를 위해 특별식을 차린 것이다.

그런데 내 몸의 이상기류는 딸아이 출근 후부터 시작되었다. 수선화의 목숨 값은 혹독하기만 했다. 요리를 하느라 소량의 맛만 본 나도 자꾸만 토악질이 나는데 온전히 아침상을 물린 딸아이의 증상은 어떨지 딸아이 출근한 후 내내 걱정이 이만저만이 아니었다. 딸아이가 직장에 도착 되었을 즈음 연락을 해본 결과 딸아이는 출근길 내내 심한 구토로 무슨 죽을 병에 걸린 줄 알았다고 했다. 그렇게 수선화는 어여쁜 모습과는 달리 우리 모녀에게 웃지 못할 사연을 안겨주었다. 오늘도 나는 풀벌레 소리를 들으며 산책을 한다. 둑길 따라 땅속 어딘 가에 몸을 숨긴 수선화를 떠올리며 아지랑이 아물거리는 길을 걷는다. 그 길의 끝은 어디일까.

노래가 좋아

나는 노래가 좋아 유튜브를 즐겨본다. 그곳에선 최신곡 뿐 아니라 근래 화제의 프로로 떠오른 '미스트롯' 의 노래를 들을 수 있기 때문이다. 그러나 얼마 전 시청률 1위를 보이며 그 방송은 끝이 났다. 하지만 최종 결승에서 진선미로 뽑힌 삼인방의 노래는 끝나지 않았다. 언제나 유튜브에 들어가 검색만 하면 들여준다. 그녀들 모두 개성 있는 음색으로 노래를 잘 부르지만 그중 나는 선으로 선정된 J의 노래가 참 좋다. 주부로서 최선을 다하는 모습이 가슴 뭉클하다. 더욱이 풍부한 가창력으로 민요와 가요를 잘 소화해 내는 독특한 창법이 돋보인다. 세 아이의 엄마로 그리 열정적이니 '끝판왕' 이란 애칭이 붙여 진지도 모르겠다.

가수의 길은 포기 했지만, 노래의 길은 포기하지 않았다는 그녀의 말이 가슴에 와 닿는다. 나도 한때는 가수의 꿈을 키웠었다. 그 시절

엘레지의 여왕으로 불리는 트롯트 가수의 노래를 즐겨 불렀다. 어린 시절 남몰래 뒷동산에 올라 목청을 가다듬곤 했다. 들어주는 이 없어도 자연을 벗 삼아 야산에 올라 나 홀로 노래연습을 하곤 했었다.

아침 일찍 잠자리에서 깨어났다. 유튜브에 들어가 '미스트롯' 에서 2등 상을 걸머쥔 J의 노래를 검색했다. 그런데 그녀는 이미 여러 방송가에 이름이 나 있었다. 이런저런 프로그램에 출연해 열정적으로 노래를 불렀다. 다양한 창법으로 수상을 한 장면도 여럿이나 있었다. 몇 해 전 어느 예능 프로그램 모 가수편에 출연을 한 뒤부턴 모창 가수로 활동을 해왔다고 한다. 그렇게 5년간을 다른 사람의 목소리로 노래를 하다 보니 자신의 목소리로 노래를 부르고 싶었단다. 민요를 전공했다는 것도 유튜브를 통해 알게 되었다. 어느새 나도 그녀의 왕팬이 되어가고 있었다.

어느 방송에서 진행되는 예능 프로에 그녀는 이미 노래 잘 부르기로 알려져 있었다. 부부 듀엣으로 '노래가 좋아' 에 출연해 열창을 하는 모습도 쉽게 찾아볼 수 있었다. 그들은 서로 가수 지망생으로 어느 기획사 연습실에서 만났다고 한다. 운명적인 만남이었을까. 가수의 꿈을 뒤로 한 채 사랑을 꽃피웠다니 말이다. 그렇게 부부가 되고 부모가 되어 두 손 꼭 잡고 화음을 맞추는 모습이 참으로 아름다웠다. 참 보기 좋았다. 부부 듀엣을 꿈꾼다는 그들에게 아낌없는 응원의 박수를 보낸다.

내가 그녀에게 반하게 된 계기는 '미스트롯' 을 통해서이다. 그러나 그녀에게 관심이 많아지기까지는 '어디로 갈꺼나' 라는 제목의 민요를 듣고 부터다. 어찌나 애절하게 노래를 잘 부르던지 가슴이 먹먹했다. 유튜브엔 언제나 그녀의 노래가 준비되어 있다. 그래서 나는 무료한 시간이면 간간이 유튜브를 통해 그녀의 다양한 장르의 노래를 듣곤 한다. 그런데 어떤 땐 온몸에 소름이 돋는다. 얼마나 시원스레 열창을 하던지 높은 산 계곡에서 눈부시게 솟구치는 폭포수를 보는 듯하다. 셋째 아이 출산한 지 얼마 안 되어 '미스트롯' 에 출연했다니 그녀는 천상 노래를 위해 태어난 소리꾼이지 싶다.

그녀에게 '미스트롯' 은 특별했으리라. 그 프로그램을 통해 자신의 목소리를 되찾았다니 말이다. 지난 목요일 날밤 미스트롯 여신들의 '효 콘서트' 가 펼쳐졌다. 그녀는 육아 때문에 힘들었는데 남편과 부모님의 전폭적인 지지가 있었다며 고마움을 전했다. 그리고는 결승전에서 불렀던 '수은등' 과 어르신들이 좋아할 '달타령' 을 감칠맛 나게 불렀다. 미스트롯 효 콘서트는 가정의 달을 맞아 최고의 효도선물로 화제를 모았다는 평이다. 그 효 콘서트는 예선과 본선을 통과한 열두 명의 트롯트 여신으로 구성된 감동의 무대였다. 순위 결정전이 아니어선지 재미는 덜 했다. 결승전이 될 때까지 마음졸이던 날들의 재미가 더 쏠쏠했지 싶다.

긴장감이 풀리니 내심 무덤덤했던 것일까. 그러나 공연장 앞에서 흐뭇한 미소를 짓는 어르신들을 보니 내 마음도 덩달아 좋아졌다. 무대에서 신나는 노래가 흐르자 객석이 들썩였다. 누구나 할 것 없이 자리에서 일어났다. 경쾌한 리듬에 맞춰 흥겹게 춤을 추었다. 모두 한마음이 되었다. 모름지기 트롯 음악은 일찍이 우리 민족의 마음을 대변해 왔다더니, 그렇게 '미스트롯 효 콘서트'는 두 시간이 넘도록 웃음과 감동을 선사했다.

'미스트롯 효 콘서트'가 주목을 많이 받아서일까. 이제 트롯 여신의 전국투어 콘서트가 시작된다고 한다. 내가 좋아하는 미스트롯의 '선'인 J! 그녀가 그 콘서트을 통해 자신의 끼를 마음껏 발휘해 더 많은 팬이 생겼으면 좋겠다. 부부 듀엣의 꿈이 꼭 이루어지길 빌련다. '노래가 좋아'란 예능 방송에 출연한 그들의 다정한 모습을 떠올리며 스마트폰으로 유튜브 검색을 한다.

'나 오직 그대를 사랑해 그 사랑 변하지 마오'라는 그 부부 듀엣의 화음이 감미롭게 들려온다. "그대는 나의 인생"이란 제목의 노래다. 풍부한 가창력으로 신선한 감동을 준다. 그 노랫말처럼 그녀의 사랑과 노래 인생이 빛나길 기대해 보련다. 노래가 좋아 즐겨보는 유튜브는 내겐 참 좋은 친구다. 언제나 변함없는 친구로 지나간 시간을 추억하게 해 줄 것이다.

소중한 친구

얼마 전 최신형 노트북을 구입했다. 그동안 딸아이와 아들 녀석이 쓰던 구형 컴퓨터와 노트북을 사용해 왔는데 버전이 낮아 아예 보안 설치가 안 되었다. 그래서 서둘러 나의 전용 노트북을 구입하게 되었다. 새로 구입한 노트북은 기존에 쓰던 구형 노트북과는 달리 크기는 더 크지만 무척이나 가벼웠다. 성능이 좋을 뿐더러 휴대라기에도 편리하다. 마치 신세계를 만난 듯했다.

기존의 구형 노트북은 부피가 두껍고 무거워 휴대하기에 무척이나 불편했었다. 거기다 유선이라 사용하기에 번거롭기도 했었는데 새 노트북은 가벼워서 장소를 옮겨 갖고 다니기도 좋고 충전용이라 여러모로 편리하다.

최신형 노트북이 내 손에 쥐어지던 날, 딸과 사위는 이제 기존에 쓰던 컴퓨터와 노트북은 작별을 하게 될 거라고 했다. 그러나 나는 내 아이들의 손때 묻은 물건들이라선지 차마 버릴 수가 없었다. 어느새 자라 결혼을 해 내 품을 떠났지만, 오랫동안의 남매에 손길이 느껴지는 이유에선지도 모르겠다.

기존 컴퓨터와 노트북은 유행 지난 옛것이지만 내겐 참으로 소중하다. 해맑던 내 아이들의 모습이 떠오르기 때문이다. 오랜 세월 버거운 노동력으로 행동이 무뎌지고 기능이 낮아서 그렇지 고장이 난 건 아니지 않은가. 문서작성과 정보검색은 가능하기에 언제까지 일지는 몰라도 내 곁을 지키게 두고 싶다. 평소 물건을 잘 버리지 못하는 성격 탓이기도 하지만 사물에 담겨있는 추억과 정을 생각하면 기능적으로 모든 것을 처리하는 세태가 아쉽기도 하다.

새로운 노트북이 생기면서 내 일상의 변화가 생겼다. 차츰 기상 시간이 빨라지고 취침시간도 늦어진 것이다. 수면시간이 줄어드니 몸은 다소 피곤하지만, 그때그때 글을 쓸 수 있어 편리하다. 기상 시든 아침 식사 준비 중이든 글감이 떠오르면 노트북을 편다. 노트북 자판에 내 손가락만 대면 금세 신세계가 열리기 때문이다. 그처럼 글쓰기가 편리하니 내 삶의 활력이 생긴다. 또 다른 세상을 만난 듯 행복감에 빠져들곤 한다.

나는 아침에 잠자리에서 깨어나 맨 먼저 거실 블라인드를 올린다. 병풍처럼 펼쳐진 계룡산 봉우리를 바라다보며 나만의 손바닥 비비기 운동을 한다. 머리에서 어깨까지, 불과 몇 분 걸리지는 않지만,

몸이 한결 개운하고 상쾌하다. 그런 후 아침밥을 안치고 뜨락에 나가 산책을 한다. 뜨락 안 나무들의 속삭임에 귀 기울이다 시상이 떠오르면 서재로 향해 노트북을 켠다. 그렇게 처음엔 생소했던 노트북이 이젠 내게 소중한 친구가 되어버렸다.

내게 소중한 친구가 된 노트북은 내가 외로울 때 위안이 되어주고, 사는 게 심드렁해 누군가에게 하소연하고 싶을 때 내 이야기를 끝까지 들어 준다. 언제나 마음을 털어놓을 수 있는 소중한 친구가 된 것이다. 그 최신형 노트북을 구입 한지는 얼마 되지 않는다. 그러나 기능이 다양하고 편리해 더 귀히 여겨진다. 요즘엔 내가 마치 금은보화를 지니고 있는 것 같다.

어느새 마당가 백목련이 우아한 여인의 모습을 하고 있다. 꽃샘추위에도 아랑곳없이 고유의 매력을 뽐낸다. 봄을 노래하는 새들의 경쾌한 교향곡을 들으며 심플한 파우치에 새 노트북을 넣는다. 출근길에 동행할 참이다. 우리 속담에 '일년지계' 는 봄에 있고 '일일지계' 는 아침에 있다.' 고 했듯 생동감이 넘치는 날을 소망하며 하루의 발걸음을 뗀다. 올 한해 봄향기 깃든 글꽃을 활짝 피울 수 있다면 얼마나 좋을까 하는 생각을 하며….

봄냄새 폴폴 나는 박정자 삼거리 지나 나의 출근길의 산과 들이 온통 꽃길이다. 눈이 부시도록 진달래와 개나리가 만발했다. 그렇게 자연의 위대함이 철 따라 나의 출근길을 밝혀준다. 내 마음의 글밭이 되어주기도 한다. 사철 새로운 모습으로 자연의 소리를 들려주는 나만의 아늑한 휴식처인 것이다. 연둣빛 4월이다. 반평생이 넘도록 나의 출퇴근길이 되어주는 동학사 벚꽃길 따라 현충원 지나 이팝나무길, 이제 곧 벚꽃이 꽃망울을 터뜨리면 동학사 벚꽃 축제가 열리리라. 5월이면 어김없이 내 가게 주변인 대전 유성온천 이팝나무꽃 축제도 펼쳐지리라. 아직 벚꽃은 만개하지도 않아서 벚꽃 축제 날이 채 되지도 않았는데 도심 속 유성온천 이팝나무꽃 축제를 알리는 현수막이 축제의 분위기를 한껏 띄우고 있다. 아름다운 것들을 노트북에 담으려는 생각으로 눈에 보이는 모든 것을 가슴에 차곡차곡 저장해 둔다. 새 노트북은 내 가슴 속에 담긴 것들을 받아들여 오래오래 변치 않고 간직해 줄 터이니, 이만한 친구가 어디 있으랴.

기우제

봄비가 내린다. 벌써 나흘째다. 마치 장마철 같다. 빗줄기는 그리 굵지는 않지만 근래 봄철엔 볼 수 없었던 이상기후다. 그동안 산과 들이 가뭄에 맥을 못 췄는데 산비탈 나뭇잎들이 생기를 찾은 듯 반짝인다. 농장 가장자리 풀꽃들도 갈증이 풀린 듯 기지개를 켠다. 이제 곧 날이 개면 씨앗을 뿌리고 파종을 해야 하는데 주간 일기예보에 의하면 다음 주 또 비가 온다고 한다.

며칠 동안 날이 궂어 밀린 빨래를 해야 했다. 베란다에 널었으나 햇볕을 못 봐 눅눅하다. 눅눅한 옷가지를 온기 도는 방에 널었다. 눅눅했던 옷가지가 밤새 보송보송해졌다. 흐린 날씨로 일상은 다소 번거롭지만 나는 이슬비 내리는 날이 참 좋다. 빗방울 뛰노는 창가에 앉아 있으면 마음이 차분해진다. 모닝커피를 즐기기에도 안성맞춤이라 생각된다. 비는 때로는 불청객이 되기도 하지만 가뭄이 들 땐 반가운 손님으로 귀한 대접을 받기도 한다.

이슬비 내리는 창가에서 따끈한 커피 한잔을 마주하니 문득 어릴 적 마을 사람들의 기우제 지내던 때가 떠오른다. 초등학교 때였다. 땅거미가 내리면 마을 사람들은 풍악놀이패를 앞세우고 줄지어 냇가로 향했다. 냇가에 모여 비가 내리게 해달라고 두 손 모아 빌고 또 빌었다. 먹거리도 풍성했으니 잔칫날 같았다. 그땐 어린 마음에 밤중에 냇가에서 치르는 그런 의식이 무척이나 신기했다. 호기심에 어머니 뒤를 따라나서곤 했었다.

기우제는 가뭄이 들었을 때 비가 내리기를 기원하는 제사라고 할 수 있다. 주술적 행위로 종교의례와도 같다. 예로부터 우리나라는 농업을 기본으로 삼아왔는데 한여름 장마철에만 집중적으로 비가 내릴 뿐 그 전후엔 가뭄이 자주 들었다고 한다. 그 시절엔 수리시설이 부족했을 터이고 농민의 생사를 좌우하는 것이 비였기에 전국적으로 기우제를 종종 지냈다고 한다. 신기하게도 그런 의식을 치룬 후엔 어김없이 비가 내렸단다.

고려시대에는 국왕과 백성들도 기우제 때엔 근신하고 천지, 부처, 용신에게 제를 지냈다고 한다. 비가 내리도록 법회를 열고 도교의 택일에 초제를 올렸다는 것이다. "고려사절요"에는 정종 2년조에 기우제를 행하는 요법이 기록되어 있다고 한다. 가뭄 때에는 죄수들이 억울하게 형벌을 받는 일이 없도록 마음을 썼으며 가난한 백성을 보살펴 주었다는 것이다.

그 시절 기우제의 의식은 큰 산이나 강, 바다에서 이루어졌는데 그것은 구름과 비를 일으키는 곳이란 이유에서 행해졌단다. 조선시대에도 기우제는 잦았는데 음력 4월부터 7월 사이 연중행사로 치러졌다고 한다. "조선왕조실록"에도 그렇게 기록되어 있다니 나는 일찍이 아주 특별한 기우제 체험을 한 것이다.

이제 봄비는 그쳤다. 가뭄 해갈이 되었다. 오랜만에 하늘 높이 떠오른 태양이 푸르른 세상을 달군다. 눈이 부시어 차마 바라볼 수가 없다. 궂은 뒤에 맞이한 햇볕이어선지 반갑기 그지없다. 우리네 삶도 그와 같지 않을까. 불행한 일이 있고 나면 작은 행복도 소중하게 여겨지고 그러지 않던가? 나는 평소 자연의 현상을 관찰하길 즐긴다. 그런 관찰을 통해 삶의 지혜도 얻으며 자연이 주는 행복감에 빠져들기도 한다.

자연은 언제나 말이 없지만 깨달음을 준다. 철 따라 다른 모습으로 찾아와 내 마음의 뜨락을 곱게 가꾸어준다. 그래서 자연을 현명한 길의 안내자이자 위대한 스승이라고 하는지도 모르겠다. 신비로운 변화로 어진 기운을 내려주기도 하니 말이다. 어디서 날아왔을까. 나뭇가지에서 화음을 맞추던 산새들이 바람의 손길에 놀란 듯 금세 숲으로 숨어든다.

프랑스의 시인 프레베르는 이렇게 노래한다.

새가 날아올 때는
혹 새가 날아오거든
가장 깊은 침묵을 지킬 것
새가 새장을 들어가기를 기다릴 것
그가 새장을 들어가거든
살며시 붓으로 새장을 닫을 것
그리고
차례로 모든 창살을 지우고
새의 깃털을 다치지 않도록 조심할 것
그리고는 가장 아름다운 가지를 골라
나무의 초상을 그릴 것
푸른 잎새와 싱싱한 바람과
햇볕의 가루를 또한 그릴 것
그리고는 새가 결심하여 노래하기를 기다릴 것.

내 마음의 노래다. 가뭄 든 땅에 비가 내리길 비는 기우제처럼 건조한 내 삶에도 단비가 내리길 빌어보련다. 또다시 새들의 경쾌한 노랫소리가 들려오길 기원하련다.

꼬순이

꼬순이가 머물다 간 황매화 숲엔 달걀 몇 알만이 덩그러니 남아 있었다. 꼬순이는 우리 집에서 몇 년째 키우던 암탉으로 알을 낳고 '꼬꼬대' 하고 우는 데서 붙여진 애칭이다. 녀석이 닭장에 갇혀 살 땐 별로 볼 기회가 없었는데 마당에 방목하니 자연스레 나와의 만남이 잦아졌다. 아침마다 내게 모이를 얻어먹으니 나를 잘 따랐다. 날마다 대문께까지 쫓아 나와 내 출근길 배웅도 마다하지 않았다.

녀석과 함께한 이십 여일, 매일 아침 뜨락에 나가면 제일 먼저 나를 반겨주는 녀석이 꼬순이였다. 녀석은 올여름 우리 집의 새 식구가 된 병아리들 때문에 보금자리를 빼앗겼다. 텃새를 하느라 어린 녀석들을 마구 쪼아대니 급기야 마당으로 쫓겨난 것이다. 그러나 둥지를 잃은 안쓰러움도 잠시 제 세상인 듯 널따란 마당을 독무대로 활개를 치고 다녔다. 오히려 자유를 만끽하며 지내더니 온몸에 윤기가 돌았다.

그러나 몇 달 전 꼬순이의 삶도 역사 속으로 사라졌다. 다시는 돌아올 수 없는 먼 길을 떠났다. 서울에서 내려온 아들, 며느리의 몸보신용으로 식탁에 올려 졌기 때문이다. 섭섭해하는 나의 마음엔 아랑곳없이 남편은 이제 할 일이 없어진 기분이라며 좋아라했다. 아침마다 녀석과 마주하며 정이 들었던지 옻닭 파티가 있던 날이 내겐 가장 쓸쓸한 밤이었는데 말이다.

닭의 수명은 집에서 키울 때는 육칠 년 정도지만 야생으로 키울 경우엔 10년에서 30년 정도라고 한다. 그러니 몇 해는 더 꼬순이와 함께 해도 되었으련만 남편은 녀석이 잔디밭 곳곳에 똥을 싸 놓는 등 여기저기 헤집고 다닌다며 못마땅해했다. 그래서 나는 어떻게든 꼬순이의 생명을 연장해 보려고 나름의 작전을 짰지만 그런 나의 노력에도 쾌적한 환경 지킴이로 나선 남편과 딸아이의 고집을 끝내 꺾지는 못했다.

꼬순이와 함께 했던 던 어느 여름날의 일이다. 그날은 공교롭게도 남편이 해외여행을 떠난 날이었는데 천둥 번개를 동반한 우박이 쏟아졌다. 그래서 나는 서둘러 퇴근을 했다. 둥지를 잃고 홀로 마당을 서성거릴 녀석이 걱정이 되어서였다. 그러나 꼬순이는 보이지 않았다. 아무리 찾아봐도 녀석은 간 곳이 없었다. 행여 돌풍에 놀라 어디 구석에 처박혀 목숨을 잃은 건 아닐지 걱정이 되어 밤잠을 설쳤다. 그런데 이튿날 날이 밝아 오자 녀석이 창가를 기웃대고 있었다. 엊저녁만 해도 행방이 묘연했던 녀석이 먼저 나를 반기는 거였다. 그날 밤 자세히 살펴보니 녀석은 놀랍게도 황매화 숲 한가운데 둥지를 틀고 있었다. 언제부턴지 자신의 보금자리를 스스로 꾸며놓은 것이다.

닭은 새벽에 우는 시간이 일정해 예로부터 시골에서는 닭 울음소리로 자명종을 삼았다고 한다. 우리 집도 예외는 아니었다. 해마다 손님맞이용으로 닭을 키웠기에 남편과 나도 새벽이면 자연스레 닭 울음소리에 깨어나곤 했었다. 지금껏 신선한 달걀을 먹거리로 제공해준 꼬순이가 그들 세대 중 마지막 남은 녀석이었는데 정들자마자 떠나버렸다. 녀석이 머물었던 황매화 숲을 보면 지금도 가슴 한켠이 허전해지곤 한다.

꼬순이를 생각하면 또 지난날 닭장 속에서 벌어졌던 끔찍한 사건이 떠오른다. 사위는 백년손님이라고 시누이들 올 때마다 잇달아 닭 잡아 식탁에 올리다 보니 닭이 몇 마리 안 남아 있을 때였다. 녀석들이 알을 낳아 둥우리에 달걀이 열 개 남짓 있었지 싶은데 암탉이 들앉아 있었다. 녀석들이 번갈아 품고 있어 어미닭 구별이 안 된다며 남편은 급기야 그 녀석에게 따로이 보금자리를 마련해 주었다. 그러나 웬일인지 부화기가 되었는데도 기대했던 병아리는 도통 깨어나지 않았다. 그래서 어미닭을 기존의 닭장으로 들여보냈는데 그놈을 다른 닭들이 왕따를 시키는 것이었다. 마치 그 녀석 혼자 무슨 특혜라도 누리고 와 심술이 난 듯 단체로 피투성이가 되도록 찍어댔다. 이따금 매스컴에서나 보도되는 일진 학생들을 연상케 하는 풍경이었다.

꼬순이가 살았던 닭장엔 어느새 중병아리가 된 녀석들이 오순도순 살고 있다. 녀석들은 순 토종닭으로 나의 친구네와 이웃 마을에서 들여온 씨가 다른 한 지붕 두 가족인 셈이다. 그 녀석들을 애초엔 비슷한 시기에 태어나 한 둥우리에 두었었다. 그러나 시도 때도 없이 몸싸움을 한다고 남편이 닭장 한가운데 그물망을 쳤다. 그러다 언제부턴가 한쪽 그물망을 슬그머니 풀어놓았다. 남편의 말에 의하니 서로 친해지는 기회를 준 것이라고 했다. 진정 남편의 깊은 뜻이 통했던 걸까. 제 핏줄끼리만 모여 자던 녀석들이 이제는 한데 어우러져 잠을 청하고 있으니 말이다.

남편은 드디어 녀석들이 화합을 이루었다며 밤이 늦었는데도 그물망 철거작업에 들어갔다. 이제 꼬순이는 볼 수 없지만, 어느새 훌쩍 큰 녀석들 보는 재미가 쏠쏠하다. 마침내는 붉은 벼슬을 단 가장 덩치 큰 수탉이 새벽마다 내 귓전을 환히 밝혀준다. 아직 목청도 채 트이지 않았는데 밥값을 하려는 듯 우리 집 자명종을 자처한 것이다. 닭은 아무리 꾀를 부려도 언젠가는 가마솥에 들어가는 운명이라서인지 녀석의 울음소리를 들으면 영락없이 꼬순이의 모습이 떠오른다.

꿈의 힘

사람은 누구나 잠을 자면서 꿈을 꾼다고 한다. 인간은 누구나가 매일 밤 꿈을 꾸는데 단지 기억을 못 할 뿐이라고 했다. 그러니 서양의 어느 학자도 꿈을 꾸는 힘이 없는 자는 살아갈 힘도 없다고 하였는가 보다.

나는 자주 꿈을 꾼다. 저녁에 잠자리에 들어서나 가게 출근 후 피로감에 젖어 잠깐 동안 소파에 앉아서도 종종 꿈을 꾸곤 한다. 그런데 어떤 땐 꿈속 등장인물이 금방 내 현실로 나타나기도 해 스스로 놀라기도 했다. 꿈이 현실과 일치하니, 마치 내가 그리스 신화에 나오는 예언의 여신이 된 기분이 들기도 했었다.

어느 날 나의 가게를 찾은 어떤 역술가가 나에게 사주보기를 권했다. 그러나 나는 여느 날과 같이 그런 것 보지 않고 열심히 살겠노라고 했다. 하지만 그는 그런 나의 답변엔 아랑곳없이 나의 얼굴을 빤히 쳐다보더니 내게 영이 참 맑다고 하는 게 아닌가. 그랬다. 지금껏 내가 꾼 꿈이 길몽이든 흉몽이든 일치했던 적이 있었기에 그가 쏟아낸 말들이 허투루 들리지는 않았다.

나도 모르게 그의 호의적 언술에 마음이 끌렸던 걸까. 애초에 그는 점을 보는 대가로 내게 복채를 원하진 않았다. 그러나 외견상 초라한 행색이 궁핍한 처지임을 짐작할 수 있었기에 그의 손에 푸른 지폐 한 장을 쥐어 준 것이다. 따끈한 국밥 한 그릇이라도 대접하고픈 생각에서였다. 그 또한 내 집에 온 손님이니 그렇게라도 내 마음을 전하고 싶었던 것이다.

문득 오래전 잊혀지지 않는 꿈의 한 장면이 한 폭의 수채화처럼 펼쳐진다. 그날 새벽 나는 아주 기이한 꿈에 놀라 잠자리에서 깨어났다. 꿈속의 내가 눈이 부시도록 푸르른 들판을 거닐고 있는데 내 앞에 커다란 창고가 나타나더니 이내 문이 활짝 열리는 것이었다. 그 창고 안엔 어찌나 많은 시신이 줄지어 있던지 지금도 눈에 선하다. 그때 우연히 접하게 된 것이 꿈 해몽 책이다. 그 꿈이 마치 현실처럼 지워지지 않으니 어쩌면 길몽이길 기대하며 꿈 풀이를 해보고 싶었는지도 모른다. 그동안 수없이 많은 시간을 꿈 해몽 책과 함께 해서일까. 이제 그 책표지는 마치 남루한 옷처럼 헤지고 책장마저 누렇게 바래 세월의 무상함을 느끼게 해준다.

그 꿈의 힘이었을까. 나는 그해 모 잡지사와 문예지 등의 시 공모전에서 연거푸 입상을 하는 영광을 안았다. 당시에 나는 시에 대한 아무런 이론도 없이 그저 시가 좋아 시랍시고 일기장에 끄적이곤 했었다. 그러한 습작기가 밑거름이 되었던지 졸필이나마 시의 세계에서 빛을 보게 되었던 것이다. 그때부터 강산을 두 번이나 넘기며 시상에 빠져들게 되었다.

한국 속담에 꿈보다 해몽이 좋다는 말이 있다. 그 뜻은 어쩌면 행여 안 좋은 꿈을 꾸어도 매사 긍정적으로 생각하라는 뜻이지 싶다. 어느 유명 시인의 말씀에 의하면 꿈은 누구나 간절히 원하면 좋은 꿈을 꿀 수도 있고 그것이 이루어진다고도 했다. 그래서 나는 날마다 잠자리에 들기 전 조용히 마음을 가다듬고 기도를 하곤 한다. 누군가로부터 축하의 꽃다발을 받으며 마냥 행복해하는 상상을 하며 잠자리에 드는 것이다.

문득 이제는 저세상으로 향하신 중증 환자 시어머니를 보살필 때가 생각난다. 그때 나는 너무나 무관심한 동기간들을 향한 섭섭함에 간간이 시아버님이 계신 묘소를 향해 하소연을 했었다. 당신 자식들 꿈에 나타나시어 차례로 혼내 주십사 간청을 했던 것이다. 하늘도 무심치 않았던 것일까. 그러던 어느 날 아침 일찍이 손위 시누에게서 전화가 왔다. 형님 꿈에 아버님이 나타나셔서 불길한 생각이 들어서 내게 문안 전화를 했다는 거였다. 행여나 어머니가 위중하신 건 아닐지 걱정이 되어 잠자리에서 깨어나 곧바로 전화를 하였노라고 했다. 순간 내가 마치 무슨 마법에 걸린 듯 신기하기만 했다. 그처럼 아버님은 하늘나라에서도 내 편이 되어 주셨다.

일찍이 그리스 신화엔 "모르페우스"가 꿈의 신으로 등장한다. 꿈은 인간의 마음을 방해할 뿐더러 신의를 인간에게 전해준다는 것이다. 꿈의 나라에서 인간세계를 찾아올 때 꿈들이 지나는 두 개의 문이 있다고 한다. 그중 하나는 상아 문으로 인간에게 거짓말을 전해주고 또 하나는 뿔 문으로 이 문을 나온 꿈이야말로 정확한 사실을 알려주는 정몽이라고 한 것이다.

그렇다. 이상과 꿈이 우리를 만든다고 했듯 사람이 자면서 꾸는 꿈은 길몽이든 흉몽이든 다 생각하기 나름인 것 같다. 꿈의 힘은 긍정의 힘이지 않은가. 그러니 희망은 결코 잠자고 있지 않는 것이다. 희망은 곧 인간의 꿈이기 때문이다.

나만의 공간

몇 해 전 여름 집수리를 하면서 나만의 공간이 생겼다. 계룡산이 훤히 내다보이는 창 넓은 방을 내 서재로 꾸민 것이다. 병풍처럼 펼쳐진 장군봉을 비롯해 좌우로 우산봉과 고청봉이 마주하고 있으니 사색을 하고 독서를 하기에 편안한 안식처이다.

내가 서재에 머무는 시간은 주로 이른 아침이나 저녁때이다. 새벽녘, 또는 모두가 잠든 밤에 비로소 나의 일과가 시작되는 것이다. 그 시간 나는 독서를 하고 시상에 빠져들곤 하는데 간혹 머릿속이 복잡할 땐 책장 깊이 간직한 조상기록부를 꺼내어본다. 그 기록부를 보고 있으면 마치 돌아가신 아버님과 마주한 듯 마음이 푸근해지고 정신이 한결 맑아지기 때문이다. 그러니 서재는 책이 있는 곳만이 아니라 내게 정신수양을 하게 해주는 재충전의 자리이기도 하다.

그 조상기록부는 리포트 형식으로 되어있는데 80년대 중반, 시아버님을 기점으로 만들어져있다. 겉표지에는 작성자가 남편의 이름으로 되어있으나 아버님의 뜻에 따라 씌어진 것이다. 누런 한지로 만든 조상기록부는 누가 보든 한눈에 조상들에 관한 모든 일을 알아볼 수 있도록 자세하게 설명되어 있다. 아마도 당신 후세들이 조상묘소를 잘 관리했으면 하는 마음으로 소상히 적어 놓은 듯하다. 일찍부터 사후를 걱정하며 주변 정리를 하셨으니 그때 아버님 마음이 얼마나 착잡하셨을까. 그래서 나는 아버님의 고귀한 뜻이 담긴 조상기록부를 소중하게 생각한다. 그 기록부를 보면 아버님의 체온이 느껴지는 듯 마음이 푸근해짐에 앞서 숙연해져 주위를 돌아보게 하기 때문이다.

고사성어 중 "명창정궤明窓淨机"라는 말이 있다. 이는 밝은 창 밑에 검소하게 꾸민 서재로 차분한 마음으로 공부할 수 있는 환경이라는 뜻일 것이다. 나는 오랫동안 제자리를 잡지 못해 이방 저방 옮겨 다니던 책들을 이곳에 가지런히 정리해 놓았다. 만학도로 뒤늦게 결실을 본 학위증과 자격증 등도 서재를 꾸미는데 제 몫을 톡톡히 했다. 전공 서적 뿐만이 아니라 젊은 날 잠 못 이루며 읽었던 손때 묻은 책들과 다수의 시집, 문학 서적 등이 특수 제작된 책장에 채워져 있으니 말이다.

그렇듯 서재는 수많은 날들 까만 밤을 지새우며 피와 땀으로 이룬 나의 노고가 고스란히 배어있는 곳이다. 나는 간간이 나만의 공간에서 떠오르는 아침 해를 맞이하곤 한다. 그때는 대체로 새벽녘에 깨어나 할 일을 구상하고, 간밤에 미처 읽지 못한 책을 보기 위해서니 제대로 해맞이를 하게 되는 것이다. 생명의 근원을 상징하는 해는 그렇게 눈부심으로 삶의 욕망과 굳건한 의지력을 키워준다. 바쁘게 살다 보니 아침저녁 서재에서 보내는 시간만은 내게 대단한 호사라 생각된다. 좋은 책과의 만남이 나에겐 곧 휴식이 되는 까닭이다.

소크라테스의 말에 이런 것이 있다. "내 집은 비록 작으나 진실한 친구로서 채울 수 있다면 나는 만족하겠다."라고. 그 성인의 말씀처럼 애초에 내 스스로 과다한 지식창고를 꿈꾸지 않았기에 나만의 공간을 아주 소박하게 꾸렸는지도 모른다. 내 휴식처는 사시사철 햇볕이 드는 곳이다. 더욱이 동향이라 위치적 여건도 한몫을 하니 자연의 혜택을 톡톡히 보게 된 셈이다.

서재 책장 속 책 하나하나가 가르침을 주는 나의 참된 스승이요, 진실한 친구들이다. 그 속엔 푸른 꿈을 향해 좇기듯 살아온 내 20대의 발자취가 머물러 있다. 그때 접했던 빛바랜 책들을 다시 집어 들며 내 일상을 돌아본다. 다시 옛 책들을 들추다 보면 깨달음과 깨우침이 나를 새롭게 태어나게 하는 것이다. 몇 해 전 작고한 법정 스님도 어느 책자에서 삶은 새로운 시작과 탄생이 없으면 진부해지고 찌들기 마련이라고 하지 않았던가. 그래서 언제나 내 의식을 맑게 환기시켜 주고 삶을 충만하게 해주는 홀로의 공간이 소중하다.

모두가 잠든 시간이면 내 귓전에 속삭이듯 시냇물 소리가 정겹게 들려오는 곳, 사색을 하고 독서를 하며 하루의 일과를 구상하고 또는 마무리하는 곳, 나는 그 공간에서 자연이 주는 무한한 선물에 감사하며, 아침이면 한 폭의 거대한 풍경화가 되어주는 신비한 계룡산을 마주한다. 눈부시게 피어오르는 장밋빛 해를 바라보며 향기나는 삶을 꿈꾼다.

익어가는 정

남편은 속이 노란 배추를 씻으며 시누이들이 좋아할 거라며 흐뭇해했다. 지난해는 다른 해와 달리 배추 농사가 잘되었다. 그래서 나는 남편과 상의 후 대전 근교에 사는 셋째 시누이와 막내 시누이에게 전화를 했다. 두 시누이 모두 절임배추를 주문하려 했다기에 아예 우리가 배추를 절여 주기로 약속했다. 절여만 놓으면 이튿날 둘이 와 씻어 가겠다고 했지만 나는 남편에게 절여 주는 김에 아예 씻어까지 주자고 했다.

김장할 때면 배추를 다듬고 씻는 건 남편과 내가 함께 하지만 양념 준비와 배추절임은 남편이 도맡아 한다. 그런데 시누이들 김장 준비에 이어 며칠 후 우리 김장 준비까지 도맡아 했으니 남편 나름은 힘들었을 것이다. 그러나 자신의 피붙이들을 향한 나눔의 기쁨이 컸던지 남편에게서 피로한 기색은 찾을 수 없었다. 오히려 얼굴에 화색이 돌았다. 그래서 사랑을 베풀면 상대보다 주는 사람이 더 복되다고 하는지도 모르겠다.

사랑에는 여러 종류가 있지만, 남편에게는 유독 애향심과 형제애가 강하다. 몇십 년을 남편과 동고동락 해오며 피부로 느껴온 것이다. 평소 남편은 무뚝뚝해 말솜씨는 없지만, 일솜씨는 뛰어나다. 우리 집 농장의 곡식들과 채소들도 그런 남편의 넉넉한 마음을 헤아리는 듯 무럭무럭 잘 자란다. 남편은 무슨 채소든 길쭉하면 자신을 닮아서라 하고 아담하면 나를 닮았다며 썰렁한 농담을 던지곤 한다. 나는 그때마다 그 썰렁한 농담이 웃겨서 웃는데 남편은 그런 내 마음을 알고 나 웃는지 모르겠다.

셋째 시누이는 싹싹하다. 심성이 고운 그만큼 언제나 웃는 상이다. 여느 동기간들에 비해 건강엔 무척 신경을 쓰지만 자주 병원을 들락거린다. 나는 그런 시누이가 마음이 쓰여 이따금 안부 전화를 하곤 한다. 몇 달 전 김장철을 앞두고도 안부 전화를 했는데 감기 증세로 병원에 입원했다는 것이었다. 그래서 나는 서둘러 남편과 분담해 들기름을 짜고 챙겨 줄 청국장을 준비했다. 남편이 직접 키워 수확한 농산물로 만든 것이니 건강식으로도 으뜸이라 생각되었기 때문이다.

셋째 시누이를 보면 아득한 옛 시절이 되어버린 나의 새댁시절이 떠오른다. 시집온 지 두어 달 되었을 새내기 주부 때이다. 그때는 3

월 초의 어느 오일장이었는데 시어머니는 내게 쌀 한 말을 건네며 시장에 가 쌀을 팔아 반찬거리를 사 오라고 하셨다. 그때 나는 갓 시집온 새댁이라 못한다는 소리도 입밖에 못 내고 안절부절 하고 있었다. 그런데 구세주처럼 셋째 시누이가 나타났다. 시누이는 새언니에게 왜 그런 걸 시키느냐면서 방패막이가 되어주었다. 그때의 고마움을 잊을 수 없기에 지금껏 시누이에게 더 마음이 가는지도 모르겠다.

결혼으로 인해 맺혀진 시누이와 올케 사이가 어찌 혈연관계만 하랴만 나는 서글서글한 성격에 친밀감을 주는 셋째 시누이가 마냥 좋았다. 결혼 전 남편은 내게 셋째 시누이가 가장 깐깐할 거라고 했다. 새언니 들어오면 시집살이를 시킬 거라고 했다는 것이었다. 그러나 그것은 으름장에 불과했다. 결혼 전에나 후에도 내게 자신의 고민을 스스럼없이 털어놓는 등 무척 살갑게 대해준다. 성격이 비슷한 것도 한몫하는 것이겠지만 늘 마음을 열어주는 것이 고맙다.

그런 셋째 시누이가 어느 날 대전에서 청주로 이사를 간다고 했다. 시누이 남편의 직장에서 청주로 발령이 난 것이다. 나는 갑자기 한쪽 팔이 떨어져 나간 듯 허전했다. 갑자기 주변이 텅 비어지는 듯했다. 추운 계절이 아닌데도 마음이 추워져 왔다. 그땐 나도 내심 셋째 시누이를 많이 의지하며 살았던 모양이다. 그새 정이 많이 들었던 시누이가 내 곁을 떠나 청주에 사는 내내 나는 괜스레 우울했다.

섭섭하고 허전한 마음을 달래며 시누이에게 그리움이 담긴 장문의 편지까지 써 보내기도 했다.

셋째 시누이는 나보다 몇 살 아래로 내가 갓 시집왔을 땐 직장생활을 했다. 공주에서 대전으로 출퇴근을 했다. 어머니 담당이던 시누이 옷 빨래까지 도맡아 하며 나는 첫아이를 가져 만삭이 되도록 힘든 줄도 모르고 새벽밥을 했던 것이었다. 그 시절엔 마을 사람들 대부분이 세탁기가 없었다. 용수천변이 지역민들과 마음을 여는 통로이자 유일한 빨래터였다.

어느새 셋째 시누이도 오십 대 후반이 되었다. 몇 해 전 시누이 남편도 정년퇴임을 해 이제는 아예 대전에 정착해 살고 있다. 세월이 지나면서 이제는 시누이올케 사이라기보다는 혈연의 자매처럼 익숙한 사이로 느껴진다. 남편의 지극한 형제 사랑의 정이 내게도 옮겨진 것인지 결혼을 통해 얻은 인연들이 이제는 더 귀히 여겨지는 즈음이다. 나이 들어가면서 이런 정들이 더욱 마음을 따뜻하게 해준다.

어느 휴일의 선물

신록의 계절 오월이다. 오월은 가정의 달로 계절의 여왕이라고도 한다. 어느새 산과 들엔 푸르름이 넘친다. 나는 그 싱그러움을 만끽하며 남편을 따라 인근 야산에 올랐다. 이름 모를 풀꽃향에 젖어 고사리 채취 체험에 나섰다. 남편과 단둘이 처음 오르는 산행이어서인지 마음이 들떴다. 모처럼 맞은 휴일에 호사를 누리는 기분이었다.

그러나 기대감도 잠시 산은 그리 만만하지 않았다. 가시 돋은 명과나무 넝쿨이 숲을 이루고 있었다. 나는 험한 숲속을 해쳐 나가며 고사리 꺾기에 몰두했다. 그곳은 조그만 마을을 품고 있는 야산이지만 인적이 없었다. 군데군데 멧돼지 발자국들만이 발견되었다. 나는 행여 멧돼지가 나타날까, 겁이 나 간간이 남편의 위치를 확인해 가며 고사리를 찾아다녔다.

고사리는 다년생 식물로 전 세계에 퍼져 있다고 한다. 양지나 음지에서는 물론 환경조건이 나쁜 곳에서도 비교적 잘 자라지만 토양이 오염된 곳에서는 생육하지 못한다고 한다. 특히 고사리에는 발암물질이 함유되어 있어 반드시 삶아서 요리를 해야 한단다. 햇볕에 말리면 부작용이 없을 뿐더러 효능 만점이라고 한다. 더욱이 맛과 향이 독특해 자연식을 즐기는 내 입맛의 안성맞춤이다. 땅 기운 잔뜩 머금은 고사리들이 하늘로 뻗어가는 모습을 해서인지 예로부터 고사리는 귀신도 좋아해서 제사상에 올렸다고 한다.

산속에서 살이 통통하게 오른 고사리를 마주하니 문득 오래전 돌아가신 시아버님이 떠오른다. 아버님은 해마다 이맘때만 되면 집 근처 야산을 오르셨다. 물오른 고사리를 꺾어다 기일 때마다 제사상 나물로 쓰게 해 주셨다. 홀로 산길을 오르기에 허전하셨던지 고사리를 꺾으러 가실 땐 언제나 주먹밥을 싸 들고 복실이와 동행했다. 복실이는 우리 집 멍멍이로 생김새가 복스럽게 생겨서 붙여진 애칭이다. 그런데 어느 날인가 복실이는 고사리 채취에 나선 아버님을 따라 산에 올랐다가 행방불명이 되었다.

복실이를 잃어버린 충격이 컸던지 아버님은 그날 이후 산에 오르지 않으셨다. 더 이상 고사리를 꺾어 오지 않으셨다. 돌아오지 않는 것은 그뿐만이 아니었다. 해마다 제사상을 지키던 자연산 고사리조차 잊고 산 지 오래되었다. 그런데 올해 처음 남편을 따라 살이 통통하게 오른 고사리를 꺾었다. 내심 고사리 채취에 얼마나 몰두했던지 어깨에 멘 보조 가방 속 돈 봉투가 흠뻑 젖는지도 몰랐다.

산행을 하며 갈증이 날 때 마시려고 가져간 생수였는데, 물 한 모금 마시고 그만 생수병 뚜껑을 잘 못 닫아 그 사단이 난 것이다. 하얀 봉투 속 지폐가 거의 천 원권이라 물기를 말리려고 몇십만 원을 방에 펼쳐 놓으니, 마치 커다란 돈방석 같았다. 나는 피로감도 잊은 채 봄내음 물씬 풍기는 고사리 정리 작업을 했다. 적당히 삶아진 고사리를 햇볕이 잘 드는 들마루에 널며 가슴이 뿌듯했다. 올 제사상과 명절 차례상엔 내 손길 깃든 자연산 고사리나물을 올릴 수 있다는 행복감에 빠져들었다.

고사리는 볕이 좋아 금세 말랐다. 나는 고사리를 말리기 전 팔팔 끓은 물에 적당히 삶아 찬물에 씻어 채반에 받쳐 놓았다. 물기를 쏙 뺀 후 저울에 달아보니 2키로 정도였다. 그러나 햇볕에 바짝 말리니 얼마 되지 않았다. 하지만 귀한 자연산 고사리로 우리 집 웰빙음식이 될 채비를 하고 있다. 생전에 아버님이 그러하셨듯이 나도 남편과 나의 손길 깃든 건고사리를 정성스레 비닐봉지에 담아 놓았다.

사람은 누구나 나름의 삶의 양식이 있듯 생전에 시아버님은 내게 이렇게 말씀 하시곤 했다. "몸이 편하면 입도 편하다."며 삶의 지혜를 넌지시 알려주시곤 하셨다. 그땐 우리 집에는 푸성귀를 심을 곳이 없었다. 그래서 아버님은 손수 산비탈 황무지를 개간하셨다. 남새밭을 일구어 부지런히 몸을 움직이며 철 따라 우리 집 식단에 신선한 먹거리를 올리게 해 주셨다. 아버님의 영향이 오늘날 삶의 구석구석에 스며들어 우리 식구들의 삶의 질을 향상시켜 주었는지도 모른다. 모처럼 맞은 휴일에도 바쁘게 움직이게 되니 말이다. 비록 몸은 고달팠어도 마음이 편안해지는 건 자연의 신선함이 주는 귀한 선물이 아닐까 싶다.

꽃무늬 원피스

나에겐 네 가지 색상의 원피스가 있다. 핑크빛과 보랏빛인 여름용 원피스 두 벌과 감청색과 검정색인 겨울용 원피스 두 벌인데 그중 내가 가장 아끼는 원피스는 여름용으로 핑크빛 꽃무늬 원피스이다. 더욱이 그 옷은 새댁시절 막내 시동생에게 받은 선물이기에 더 애착이 간다. 지금껏 내 장롱 속을 가장 오래 지키는 특별한 옷으로 손꼽힌다.

그러나 지금은 보존품에 불과하다. 급변하는 시대에 30년이란 세월 동안의 유행에 변화도 없지 않지만, 몸에 안 맞아서 이제 입지는 못한다. 그 시절엔 어깨 쪽에 뽕이 귀엽게 들어간 옷이 유행이었다. 그 꽃무늬 원피스도 예외는 아니었는데 얼마 후 내 손수 어깨 뽕을 떼어내고 아예 소매 없는 원피스로 재탄생시켰다.

머문 듯하면서도 세월은 쉬임없이 가버려서 어느새 나의 결혼생활도 34년이 되어간다. 이제는 강산이 몇 번이나 변한 세월인데 선뜻 내 곁에서 떠나보내지 못하는 핑크빛 원피스는 아마도 남편에게조차 받지 못한 귀한 선물을 시동생에게 받았기에 더 소중히 여겨지는지도 모르겠다. 23년 전 새집 지어 이사할 때도 재작년 집수리를 하고 붙박이장을 들였을 때도 그 꽃무늬 원피스는 끝내 버리지 못했다.

얼마 전 옷 정리를 하다가 다른 옷가지에 끼여 구겨진 꽃무늬 원피스를 꺼내어 세탁을 했다. 그동안 입지는 않았지만, 세월의 때를 말끔히 씻어준 것이다. 옷감이 면 소재라 그날 햇살을 받고 나니 마치 새 옷처럼 보송보송했다. 시동생에게 처음 옷 선물을 받고 가슴 따뜻했던 기억을 떠올리며 그 꽃무늬 원피스를 옷걸이에 가지런히 걸어 놓았다. 스마트 폰에 인증샷을 해놓고 이따금 들여다본다. 때로는 따분한 일상에 따스한 향수를 불러일으키며 위안이 되어주기 때문이다.

막내 시동생과 나와의 첫 만남은 남편과 결혼식을 며칠 앞둔 어느 겨울날 찻집에서다. 그때 시동생은 고교 졸업반이었는데 남편이 내게 인사를 시키자 해맑은 얼굴로 수줍은 듯 고개를 숙이며 말없이 웃기만 했었다. 그때부터 막내 시동생은 좋은 인상을 내 가슴 속 깊이 심어 주었다. 첫 만남이 그러했듯이 나는 막내 시동생이 마냥 좋았다. 친동생처럼 아주 편안했다. 마음 씀씀이마저 자상해 큰집 일을 살뜰하게 챙겨주니 시동생을 향하는 내 마음도 각별했다.

그렇게 나도 모르게 정이 많이 들었던지 이십여 년 전 막내 시동생이 혼례식 날짜를 잡자 나는 기쁨에 앞서 섭섭함이 더 컸다. 무언가 알 수 없는 허전함이 내 주위를 맴돌았다. 그러나 지금껏 바쁜 일상에 얽매여 그때의 그 마음을 까마득히 잊고 살았다. 시동생의 따스한 마음 깃든 원피스조차도 잊고 있었다. 지난해 시아버님의 20주기 추모 기일을 치루기 전만 해도 그러했다.

아득히 먼 그 기억의 발단은 작년 가을 시아버님 20주기 추모 행사를 마치고 가족회의가 있었던 후였다. 지금껏 나는 맏이로서 최선을 다해 왔기에 많은 고심 끝에 남편과 상의하에 '집안 행사 계획안' 을 내놓았다. 새해부터 치러질 집안 행사를 좀 더 간소화시킨 안건이었다. 우리 다음 세대들도 하나, 둘 가정을 이룬 만큼 화합의 차원이었다. 그동안 막내 시동생 나름은 가장 협조적이었기에 중간 역할을 잘 해주리라 생각했었다. 그런데 뜻밖에도 반대의견의 중심에 서니 믿는 도끼에 발등이 찍힌 듯 급기야 남편과 나는 마음에 없는 소리까지 하기에 이르렀다. 그 계획안은 누가 보든 전혀 도리에 어긋남이 없는 가장 기본적인 안건이었는데 말이다.

시동생의 반대의견 때문에 다친 마음을 달래며 그날 이후 나는 가슴 속에 이는 복잡한 감정을 정리하느라 인내심을 발휘해야 했다. 어쩌면 전화위복의 기회가 될지도 모른다고 애써 스스로 위로도 했었다. 그러던 어느 날 문득 막내 시동생에게 선물 받은 핑크빛 꽃무늬 원피스가 떠오르면서 마음은 점차 누그러져 갔다. 더욱이 그 무렵 시동생은 그날의 안건에 관해선 진심이 아니었다는 듯, 아무런 예고도 없이 찾아왔다. 맨정신으로는 올 수 없었던 듯 취객이 되어 친구들의 손에 이끌려 들이닥쳤다. 그렇게라도 찾아와 하룻밤을 묵고 가니 시동생을 향한 섭섭한 마음도 봄별에 눈 녹듯 했다. 아무 일 없는 듯 지난해 연말 시어머니 기일에 이어 올 설 명절도 함께 보내면서 잠시 생겼던 벽이 스르르 무너져 버렸다.

선물이란 아무리 사소한 것일지라도 애정으로부터 우러나온 것이라면 그 진가는 큰 것이라고 할 수 있다. 선물의 힘이 얼마나 큰 것인지는 이르는 말에 선물은 바위도 부서뜨린다는 말도 있지 않은가. 단순한 물질의 선물뿐만 아니라 먹은 맘 없는 듯 슬그머니 방문하여 마음을 누그러뜨려 준 시동생 방문 또한 그 어떤 선물에 비할 수 없기에 소중한 선물로 간직된다. 선물은 그 마음에 있다고 한 것이 다 그런 이유일 것이다. 비록 지금은 그 원피스가 내 몸에 맞지 않아 입지는 못하지만, 그 속에 담긴 마음을 버리지 못하겠기에, 소중하게 간직하며 감사하게 되는 이유다.

노래 예찬

요즘 한창 방송가에선 '백세인생'으로 뜬 모 가수가 주가를 올리고 있다. 그녀는 그 노래 하나로 25년간의 무명생활은 말끔히 청산했다고 한다. 출연료도 몇 배로 올랐단다. 인생 대박이 난 것이다. 무명가수라면 누구나 꿈꾸었을 인기가수가 된 것이다. 온 국민에게 '전해라'라는 노랫말을 유행시키면서 말이다. 정치권에서조차 몇 달 후 치룰 총선 선거를 위한 로고송으로 쓰려 한다니 노래의 영향력이 참 크기도 하다 싶다.

그녀 나이 오십을 넘어 봄을 맞았으니 인생역전을 한 것이다. 어느 방송사에 출연한 그녀는 어르신들을 비롯해 젊은 세대들까지 자신의 노래를 좋아 해줄지 몰랐다며 회심의 미소를 지었다. 그러나 그동안 무명의 설움이 깊었던지 웃고 있지만, 그녀의 얼굴에선 세월의 무게가 느껴졌다. 거센 비바람 속에서도 꿋꿋하게 일어선 들꽃처럼 구슬픈 노랫가락으로 가창력을 뽐냈지만, 그 목소리 너머에서 지난날의 한숨들까지 느껴지는 것은 괜한 편견일까.

어렸을 적 어머니는 내게 유행가를 가르쳐 주셨다. 일찍이 세상을 등진 내 아버지의 부재로 인한 외로움을 어머니는 노래로 삭히셨던 모양이다. 내가 태어난 곳은 두메산골 외딴집이지만 여름밤이면 아랫마을 마실꾼들이 앞마당으로 모여들었다. 그 시절 내가 즐겨 부르던 노래는 방랑시인 '김삿갓 노래'와 '유정 천리' 등이었다. 그때 나는 다섯 살의 어린 나이로 그 노랫말의 뜻도 모른 채 청중들이 요청할 때마다 유행가 서너 곡을 번갈아 가며 불렀다. 어머니에게 배운 노래로 작은 노래잔치의 주인공이 된 양 우쭐댔었다.

지금도 그곳에서의 추억이 잊혀지지 않고 눈에 선히 떠오른다. 충청북도 청원의 두메산골에서 산 넘고 강을 건너 큰집 가는 길, 어느 날이었을까. 어머니는 내 손을 잡고 앞산을 올랐다. 그때 내가 어머니를 따라가며 불렀던 노래가 그 시절 히트곡으로 '유정 천리'이다. 내 노랫소리가 산속에서 메아리치자 어디선가에서 응원의 박수가 들렸다. 산비탈에서 나무를 하시던 어느 할아버지였다.

그 할아버지는 내게 노래를 잘한다는 칭찬과 함께 한 번 더 불러보라고 했다. 나는 낯선 할아버지의 요청에도 낯가림을 모른 채 독무대를 펼쳤다. 그때가 엊그제 같건만 어느새 나도 추억을 먹고 사는 나이가 되었다. 유난히 노래를 더 좋아하게 된 것은 어린 시절의 그런 추억들 때문인지도 모르겠다. 어머니의 새로운 삶의 출발로 내 고향 청원에선 몇 해 머물지는 못했지만 내겐 그곳에서의 추억이 언제나 구성진 노랫가락과 함께 수채화처럼 펼쳐진다.

얼마 전 친정 자매들끼리 어머니를 모시고 저녁 식사를 했다. 그리고 2차로 노래방을 갔는데 나는 그곳에서 요즘 '전해라' 를 유행시키며 돈방석에 앉은 모 가수의 '백세인생' 을 불렀다. 어쩌면 어머니가 좋아하시리란 예감에 특별히 준비한 나만의 깜짝 선물이었다. 예상대로 어머니는 내 노래를 들으시며 내내 즐거워하셨고 귀갓길에 내게 당신이 뒷바라지를 못 해 가수가 되지 못했다며 분에 넘치는 칭찬을 아끼지 않으셨다.

엘레지의 여왕으로 불리는 가수의 노래 '기러기 아빠' 는 내가 초등학교를 졸업할 무렵의 히트곡이다. 나이에 어울리지 않게 노랫말이 내 가슴에 와 닿았던 사연이 있었다. 그때 나는 함께 살지 못하는 언니를 그리워하며 뒷동산에 올라 그 노래를 부르곤 했었다. 그렇게라도 마음을 달래며 한때나마 가수의 꿈을 키웠었다. 그러나 나의 애창곡 1순위는 따로 있다. 20년 전 요절한 모 가수의 '일어나' 이다. 특히 그 노래는 직업이 있는 맏며느리로서 살림과 학업을 병행하며 고단한 생활을 참아야 했을 때 많은 위안을 받은 노래이다. 힘에 겨워 학위를 포기하고 싶을 때마다 일어서게 해주었다. 그러니 노래는 내 인생을 받쳐준 힘이 되어준 것이다. '일어나' 는 그때의 내 마음을 가장 잘 표현한 나의 노래이었던 것이다. 나에게 희망을 선사한 노래 '일어나'의 노랫말은 다음과 같다.

검은 밤의 가운데 서 있어
한치 앞도 보이질 않아
어디로 가야 하나 어디에 있을까
둘러봐도 소용없었지
인생이란 강물 위를 뜻 없이
부초처럼 떠다니다가
어느 고요한 호숫가에 닿으면
물과 함께 썩어가겠지
일어나 일어나 다시 한번 해보는 거야
일어나 일어나 봄의 새싹들처럼

'일어나'가 발표된 지도 어느새 이십여 년이 되었다. 그러나 나는 여전히 그 노래를 좋아한다. 기억한다. 내겐 가장 힘들 때 큰 위안이 되어주었기 때문이다. 요즘 독특한 가사로 전국을 제패한 '백세인생'도 이젠 나의 애창곡에 속하지만 1순위는 단연코 '일어나'이다. 감미로운 멜로디의 그 노래를 듣고 있으면 안개 속이던 지난날의 내 삶의 길이 환히 비추어진다. 추운 겨울을 잘 견뎌야 따스한 봄이 오듯 오늘도 나는 자연의 품에 안겨 그 추억의 노래를 부른다. 내 삶의 봄을 맞을 채비로 분주하다.

용수천의 추억

저물녘 용수천변에서 웃사회 모임이 있었다. 총 다섯 집이 부부동반으로 한 여름밤 삼겹살 파티를 했다. 그 모임의 명칭은 상포계로 몇십 년 전 부모님을 모시고 사는 새내기 새댁들로 이루어졌다. 그런데 얼마 후 회원들이 하나, 둘, 타지역으로 이사를 가면서 만남의 횟수가 줄어들었다. 회원들은 점점 소원해지다가 급기야 그 만남이 끊기게 되었다. 서로 바쁜 일상에 얽매여 한 동네에서도 대면하기조차 힘들었다.

그런데 지난해 연말 어느 회원의 주선으로 만남이 시작되었다. 강산이 몇 번 변한 시간이 지나고서야 보고픈 얼굴들을 보게 된 것이다. 그날 남편과 약속 장소를 향해 가면서 마음속에 만감이 교차했다. 마치 오랫동안 소식을 끊고 살았던 피붙이들을 만나듯 가슴이 설레었다. 어렵사리 재회한 회원들이 또다시 똘똘 뭉쳤다. 이번엔 웃고 사는 사람들의 모임이란 뜻으로 '웃사회'라는 새로운 명칭으로 탄생되었다.

재탄생한 웃사회 회원들이 지난 7월 초 단합대회 겸 새만금 하계여행을 다녀왔다. 그리고 얼마 전엔 초보 주부 시절부터 즐겨 찾던 용수천변에 모여 앉아 파티를 했다. 그땐 진흙옷을 입은 우렁이와 다슬기도 수면 그 아래에서 기어 나오며 우리들의 소박한 잔치를 마음껏 축하해 주었다.

용수천은 금강의 지류하천으로 공암리 사람들의 젖줄이다. 그러나 해마다 여름철이면 수없이 몰려드는 행락객들로 인해 심한 몸살을 앓는다. 군데군데 쓰레기 더미가 쌓이곤 해 그것을 치우는 지역민들의 노고가 이만저만이 아니다. 해마다 여름철만 되면 마을 사람들의 한숨이 끊어지지 않는다. 쓰레기 걱정이 없었던 30여 년 전만 해도 세탁기가 흔치 않아 용수천은 동네 아낙네들에게 빨래터가 되어 주곤 했다. 그곳에서는 세상 사는 이야기가 비누거품처럼 정겹게 피어올랐었다. 또한 여름밤 더위를 식히기에도 안성맞춤이었다. 목욕탕과 파티장으로도 손색이 없는 곳이었다.

그런데 그 맑던 곳이 지금은 많이 오염되어 물도 흐리고 주변으로 잡풀들이 무성하다. 환경은 예전 같지 않지만, 그곳에 가 서면 젊은 날의 추억들이 수채화처럼 펼쳐진다. 그때는 여름밤이면 종종 용수천변에 모여앉아 이야기꽃을 피우곤 했는데 지금은 잡풀들로 자리를 잡고 앉을 엄두도 못 낸다. 그러나 다행인 것이 개울물을 가로질러 건넛마을로 가는 통로가 생겼다는 점이다. 더욱이 그곳은 내게 피로한 정신을 씻어주는 산책로이자 에너지원이 되어 주기도 한다.

또한 용수천변엔 유서 깊은 탑할머니와 팽락정이 자리하고 있다. 해마다 오가는 사람들에게 편안한 휴식처가 되어 주기도 한다. 여름날 언덕배기에 오르면 맨 먼저 어여쁜 풀꽃들이 손을 흔들며 해맑은 미소를 던진다. 그곳엔 돌아가신 시아버님이 심어놓은 이름 모를 나무가 우뚝 서서 나를 반긴다. 그래서 나는 이따금 일상에서 얻은 복잡한 마음의 찌꺼기들을 안고 가 훌훌 털어놓곤 한다. 그 나무 앞에 서면 나를 아껴주시던 아버님의 따스한 손길이 느껴지면서 마음이 편안해지기 때문이다.

그러던 어느 날이었다. 언제나 푸르름으로 내게 위안을 주었던 그 튼실한 나무가 무참히 잘려져 있는 것을 보았다. 나이테가 선명히 드러난 채 밑동만이 덩그러니 남아 있었던 것이다. 나는 갑작스레 대화할 상대가 사라진 듯 가슴이 먹먹했다. 안타까운 나머지 무슨 연유였는지 수소문을 하기에 이르렀다. 그런데 그 이유라는 것이 허망하게도 너무 무성해진 나뭇가지 탓이라고 했다. 주위 환경의 방해물로 지목돼 마을 임원들이 결정한 결과라는 것이었다. 섭섭해 하던 마음속으로 오래전 어느 겨울날의 일화가 떠올랐다.

그날도 어김없이 나는 탑거리를 오르며 아침 출근길을 서둘렀다.

그런데 아버님이 심어놓은 나뭇가지에서 예쁜 카드 한 장이 바람결에 휘날리고 있었다. 무슨 영화에서나 봄직한 장면이 내 앞에 펼쳐졌던 것이다. 누구일까. 내심 궁금증은 커져만 갔다. 알고 보니 그 카드의 주인공은 단발머리 소녀였던 나의 딸아이였다. 할아버지를 향한 그리움에 밤새 색종이를 오려 크리스마스 카드를 만들었다는 것이었다. 기특하게도 우리 가족의 안위를 비는 마음까지 담았다고 해 가슴이 뭉클했다.

언젠가 어느 책에서 "신은 사랑하는 인간을 시련으로 단련시킨다."고 한 것을 읽은 적이 있다. 그러면서 시련이야말로 인간이 가질 수 있는 가장 큰 축복이라고도 했다. 그러니 어쩌면 나는 신으로부터 일찍이 선택받은 행운아인지도 모른다. 맏이로서의 외로움, 온갖 일에 대한 스트레스로 인한 남모를 고통이 적지 않았을 때 신의 큰 위안을 받을 수 있는 용수천을 휴식처로 선물해 주었기 때문이다. 그곳은 나뿐만 아니라 누구에게나 편안한 쉼터로 또는 친목을 다지는 사교의 장소로도 유용하게 쓰인다. 나는 지금도 시시때때로 내 안에 쌓이는 삶의 찌꺼기를 퍼다 버린다. 그리곤 신선한 공기를 가슴에 안고 집으로 돌아오곤 한다.

여름이 저물어 간다. 어느새 가을이 성큼성큼 다가오고 있다. 그러나 행락객들이 떠난 빈자리는 여름날의 후유증으로 가슴앓이를 한다. 언덕 아래 오물을 뒤집어쓴 여린 잎새의 풀꽃들과 그 주변 곳곳이 심한 합병증에 시달린다. 하지만 마을 사람들의 따스한 손길로 이내 밝은 표정을 되찾곤 하는 것이 다행이라면 다행이다. 아직도 그곳은 언제나 밝은 모습으로 나의 출근길을 배웅해준다. 탁 트인 언덕배기, 아버님의 혼령처럼 피어나는 물안개를 바라보며 밤새 가슴으로 쓴 편지를 띄우곤 한다.

대보름의 축복

음력 1월 15일은 정월 대보름이다. 내게도 정월은 한 해를 시작하는 달로 그해 목표를 세우고 재미 삼아 토정비결을 보며 일 년의 운세를 점쳐보는 달이기도 하다. 더욱이 정월 대보름은 우리 마을에서 즐기는 명절로 정월 열나흘 날밤에 열리는 탑제는 더 큰 행사이다. 마을 임원들은 매년 정월 초사흘 날 풍물을 앞세우고 집집마다 방문하여 성금을 마련한다. 제물을 장만하고 추모제를 주관하는 임원들은 상갓집 조문도 하지 않는다. 그렇듯 탑제는 정월 열나흘 날밤 마을 주민들이 합심하여 정성을 다하는 연례행사인 것이다.

용수천변에 위치한 돌탑은 할머니탑으로 공암 마을의 수호신이다. 기이한 전설의 탑제는 몇 백 년부터 전해 내려오는 마을행사로 음력 정월 열나흘 날은 아침부터 동네 어르신들이 마을회관으로 모여든다. 그래서 부녀회에선 하루 종일 나누어 먹을 음식준비를 하는데 매년 유사제로 한다. 그날 나는 유사는 아니지만 마침 휴일이라 서둘러 아침 식사를 하고 마을회관으로 향했다. 바쁘게 살다 보니 내심 그렇게 참석이라도 해서 마을 분들을 뵙고 싶었던 것이다.

살아생전 시아버님과 호형호제하던 분이 이제는 구순을 바라보는 연륜이 되셨다고 한다. 그런데 그 어르신은 꽹과리로 주위 사람들을 압도했다. 풍물놀이의 상쇠로써 젊은 사람들을 이끌었다. 그렇듯 풍물놀이패들은 정월 열나흘 날밤 탑제를 올리기 전후에 신명난 굿판을 벌린다. 그 신나는 굿판은 관객이 된 나의 시선을 잡기에 부족함이 없었다. 문득 먼 옛날 그 어르신과 함께 어우러져 풍물놀이를 펼치셨던 시아버님의 모습이 떠올랐다. 잠시나마 추억의 마당이 되어 내 마음을 푸근하게 해주었다.

정월 열나흘 날의 탑제의 전설은 이러하다. 수백 년 전 조선조 중엽 인조 때라고 한다. 어느 정월 대보름날 아침 촌장을 비롯하여 남녀노소 없이 이구동성으로 말했단다. 간밤에 보살이 현몽하기를 용수천변에 자신의 시신과 염주, 목탁이 있다며 그 자리에 돌로서 묘를 써달라고 했단다. 자신에 뜻을 받들면 부락에 행운이 대통할 것이라 했다니 어찌 기이한 전설이라 하지 않을까. 그때 마을 주민들이 총동원되어 돌로서 묘를 써주고 해마다 탑제를 지내는 정성 때문인지 마을 사람들이 고통받던 질병과 재난도 사라졌다고 한다. 그래서 지금껏 마을 분들이 평화로이 살아가는지도 모르겠다.

그날 탑할머니의 추모제는 어둠이 짙게 싸인 뒤에야 끝났다. 마을회관엔 제물을 준비할 때와는 달리 많은 사람들이 몰려들었다. 그러니 부녀회원들은 이방 저방 다과상을 차려야 했다. 이튿날 정월 대보름 윷놀이 행사까지 예정되어 있으니 음식준비를 해야 할 임원들의 노고가 이만저만이 아니었다. 이웃을 사랑하는 마음이 아니면 할 수 없는 일일 것이란 생각이 들었다. 그렇게 마을회관에서 보낸 나의 휴일은 아무래도 또 다른 세상과의 만남을 경험하는 흐뭇한 하루였다.

정월 대보름날 아침, 내 가게 근처 농협에서도 고객 맞이 부럼 행사를 했다. 땅콩과 밤을 먹음직스럽게 접시에 담아 맛보기를 하고 '밤 세 개, 땅콩 한 주먹 가져가기'란 이색적인 행사를 했다. 나는 창구에서 업무를 마치고 행사장으로 발길을 옮겼다. 그 행사장엔 어떤 노신사가 자리하고 있었다. 그런데 내게 선뜻 귀밝이술을 건네는 것이었다. 그때 나는 어설프게나마 술잔을 기울였다. 입술만 축였지만 평생에 처음 낮술을 마시게 된 것이다.

예부터 술은 정월 대보름 음식 중 하나로 정월 대보름 아침에는 남녀노소 가리지 않고 한 잔씩 마셨단다. 그 술은 평소에 술을 먹지 않는 사람들도 마시는 귀밝이술이라고 한다. 귀밝이술은 글자 그대로 귀가 밝아지는 술이라고 해서 붙여진 이름이란다. 정월 대보름날 아침, 맑은 청주와 소주를 차게 해서 마시면 정신이 나고 귀가 밝아진다는 의미를 담고 있다고 한다. 그러나 정월 대보름날 아침, 우리 가족이 빠뜨리지 않고 챙겨 먹는 것은 바로 부럼이다.

해마다 나는 정월 대보름날 아침이면 식탁 위에 호두와 땅콩 또는 밤 등을 쟁반에 소담스레 담아 놓는다. 부럼은 부스럼을 예방하고 치아를 튼튼하게 해 준다니 내 나름은 우리 가족의 건강관리와 영양 보충을 잘 해왔지 싶다. 그런 부럼의 유래는 먼 옛날 먹을 것이 많지 않아 그 날만이라도 아이들에게 영양가 높은 호두나 땅콩 같은 음식을 먹여온 것이라고 한다. 그러니 거기에도 우리 조상의 지혜가 담겨 있는 것이다. 우리 마을의 연례행사도 과학 문명 시대에 맞지 않는 듯한 측면이 있지만 온 마을 사람들을 사랑으로 하나 되게 하는 조상들의 지혜에서 비롯된 것으로 생각되어 귀하게만 여겨진다.

따뜻한 말 한마디

온화한 성품의 묘숙이는 손위 시누이 딸이다. 수려한 외모에 말씨까지 상냥해 그녀와 대화를 하노라면 금세 내 안의 묻은 때가 말끔히 씻기는 것 같다. 우리 속담에 말 한마디가 천 냥 빚을 갚는다고 했듯 그녀와 내가 친밀해진 계기는 따뜻한 말 한마디 때문이었다. 어쩌면 간단히 인사 정도만 하고 지낼 외숙모와 조카딸 사이지만 시어머니 병수발로 내가 가장 힘들 때 그녀의 온정 깃든 말 한마디로 큰 위로를 받았기 때문이다. 힘들고 외롭기도 했던 그때는 천군만마를 얻은 듯 든든했다.

"외숙모 할머니 병수발 하시느라 힘드시죠? 이제 누가 무어라 하면 '너희들 까불지 마' 하세요."

푸근함이 묻어나는 묘숙이의 전화였다. 동기간들이 여럿이다 보니 시어머니가 투병생활을 하는 동안 말도 많고 탈도 많았다. 그때 나는 심한 스트레스로 불면증에 시달렸다. 포도주를 한 잔씩 마시며 잠을 청하곤 했다. 급기야 결혼 후 처음 손위 시누이에게 하소연을 했다. 그렇게 그녀 어머니에게 한 푸념을 전해 들은 모양이다. 하물며 억지소리를 들어야 했을 땐 어안이 벙벙했지만 그렇게라도 손위 시누이에게 속내를 털어놓고 나니 숨통이 좀 트였다. 그저 내 탓으로 여기며 묵묵히 살다 보니 여기까지 왔지 싶다. 긍정적인 생각이 만병통치약이 된 셈이다. 하지만 항시 말을 조심히 해야 한다는 생각엔 변함이 없다.

말이란 한 번 뱉으면 주워 담을 수 없지 않은가. 몸에 난 상처는 딱정이가 지면 곧 낫지만 가슴에 못을 박는 말은 평생 마음속에 상처로 남는다. 무심코 내뱉은 그 말 한마디가 상대방에겐 치유할 수 없는 상처가 될 수 있기에 나는 항시 상대방에게 말을 건네기에 앞서 내가 상대방의 입장이 되어보곤 한다. 말은 항시 조심해야 한다고 생각되기 때문이다. 그래서 마음의 목마름에도 따뜻한 말 한마디가 시원한 물 한잔보다 더 낫다고 하는가 보다.

그때 마침 내게 치유책이 된 게 도민 리포터였다. 전공도 살릴 겸 몇 년간 내가 사는 곳 도정신문 인터넷 기사를 썼다. 글쓰기로 마음 닦기도 하고 소정의 원고료도 받았으니 일거양득이었다. 그때도 묘숙이는 인터넷 기사를 보고 아낌없는 응원의 메시지를 보내왔다. 이따금 "외숙모 최고예요."라며 따뜻한 위로의 메시지를 전하곤 했다.

어머니를 배웅하며 쓴 인터넷 기사는 어머니가 하늘나라로 가시면서 막을 내렸다. 그러나 그때 쓴 기사만은 내 곁에 남아 있다. 오늘날 참된 삶의 지침서가 되어준다.

몇 해 전 가을에도 묘숙이가 전화를 했다. 어릴 적 방학만 하면 외갓집에 갔는데 그때 잘해줘서 고맙다고 뜻밖의 인사를 하는 것이었다. 자신이 결혼을 해서 자식을 낳고 살아보니까 그때 외숙모가 많이 힘들었겠다고 생각했다며 "감사합니다."라고 재차 정중히 인사를 하는 게 아닌가. 외숙모가 싫은 기색을 했으면 외갓집에 가지 않았을 거라며 거듭 잘해줘서 고맙다고 했다. 그녀 나이 불혹을 훨씬 넘어선 때이지 싶다.

초등학교 시절 묘숙이가 외갓집에 오곤 했다. 방학만 하면 언니 동생들과 왔다. 그때 나는 초보 주부 시절이었는데 그런 조카들이 싫지 않았다. 젊은 날 홀로 오랫동안 객지 생활을 해서인지 내심 사람들이 그리웠다. 북적거림이 마냥 좋았다. 남편을 평생 반려자로 선택한 것도 7남매의 맏이라는 점 때문이었다. 그때는 맏며느리의 자리가 힘겨운 길이라는 걸 까맣게 모른 채 말이다. 돌이켜 생각해보니 긍정의 힘이 준 자신감이었지 싶다.

어느새 봄이 왔다. 삼십여 년 만에 내게도 평온이 왔다. 세월이 약이 된 것이다. 어머니를 배웅하며 늘 노심초사했었는데 마침내 내 삶이 평안을 찾았다. 어쩌면 내게 고난의 날들이 있었기에 오늘날 여유 있게 삶을 노래하는 시인이 되었는지도 모른다. 사람은 누구나 편안한 삶을 꿈꾸지만 날마다 같은 일이 반복된다면 무의미할 것이다. 지루한 장마철 같을 것이다. 고뇌가 깊을수록 인생의 참맛 또한 깊다고 하지 않던가.

마당가 튤립이 어여삐 꽃망울을 터뜨린다. 한 여름날이면 연보랏빛 꽃을 아름드리 피우는 수국도 기지개를 켠다. 연초록 잎을 틔우고 있다. 수국을 보니 해맑은 음성의 묘숙이가 떠오른다. 그녀에게선 언제나 따뜻한 마음씨 배인 은은한 그 꽃향기가 느껴지기 때문이다. 보랏빛 미소를 머금은 속 깊은 그녀와 마주하는 것 같아서다.

마음의 병

지난 여름은 내겐 악몽의 날들이었다. 나는 평소 건강만큼은 자신해 왔었다. 그런데 6월 초 건강검진을 하고 2주 만에 받아본 건강검진 결과 통보서는 나를 일시에 절망감에 휩싸이게 했다. 검사항목 중 대변검사에서 양성반응이 나왔기 때문이다. 생전 처음 접한 건강이상 통보여서일까. 나는 불안감에 이튿날 서둘러 건강검진을 한 병원을 찾았다. 건강검진 병원은 여름철인데도 내시경 예약 손님들로 분주했다. 그래서 나는 달을 넘겨서야 수면 대장 내시경 검사일을 예약할 수 있었다.

고통은 그때부터 대장 내시경 검사일이 잡힌 7월 초까지 지속되었다. 예민한 성격이라서 인지 그때 나는 불면증과 소화불량에 식욕까지 떨어져 몸도 마음도 만신창이가 되었다. 음식물을 조금만 섭취해도 배가 아팠다. 그러니 화장실을 달고 살아야 했다. 보름이 지나도록 점심은 아예 굶었다. 그런데도 배가 고프지가 않으니 내심 건강에 큰 문제가 있는 건 아닐지 걱정이 이만저만이 아니었다.

그러던 어느 날 나의 초등학교 동창생이 암 투병 중이란 슬픈 소식이 들려왔다. 기막힌 소식은 그뿐만이 아니었다. 어떤 지인의 말에 의하면 자신의 친구 오빠는 모 대학병원에서 내시경 검사를 받다가 세상을 떠났다고 했다. 의료사고였던지 지혈이 안 되어 끝내 목숨을 잃었다는 거였다. 그처럼 달갑지 않은 소식이 잇따라 들려오니 내 마음은 더욱 더 초조하기만 했다.

게다가 불면증에 시달려 잠을 못 이루는 밤이면 홀로 거실에 나와 창밖을 하염없이 내다보곤 했다. 하늘을 우러러 부디 아무 일 없기를 두 손 모아 기도했다. 정말 큰 병이 나를 찾아온 걸까? 어쩌면 이제 내게도 큰 병이 찾아올 때가 되었는지도 모른다고 생각하니 정말 큰 병에라도 걸린 양 처량한 마음이 들었다. 전혀 예상치 못했던 건강의 이상 신호는 부지런히 앞만 보고 걸어온 내 삶의 길을 둘러보게 했다. 그렇듯 해가 긴 여름날들은 해가 길어서만이 아니라 온갖 잡생각들로 길게만 느껴졌다.

어느 문학 모임에서의 일이다. 그날은 내가 '착각'이란 제목의 시를 발표한 날이었다. 매주 문학모임이 있는 날이면 강의 후 문우들과 점심 식사를 하는데 그날 나는 몸이 좋지 않다는 핑계로 귀가행을 택했다. 서둘러 지하철역에 도착했건만 늘 가방 안에 자리하고 있던 휴대폰이 보이지 않았다. 황급히 걸어온 길을 되돌아 가보니 다행히도 휴대폰은 강의실 바닥에 떨어져 있었다. 이마에서 식은땀이 솟기 시작했다.

그런데 문제는 그것이 끝이 아니었다. 늘 바쁜 일상에 얽매여 사는 내게 지하철은 가장 유용한 교통수단인데 그날 나는 그만 내려야 할 목적지를 한 정거장 앞두고 내리고 말았다. 마치 내가 착각이란 시를 발표해서 빚어진 결과인 양 갑천역을 온천역으로 착각했던 것이다. 그날 밤 나는 무엇에 홀린 듯 헤매던 일들을 남편에게 담담하게 털어놓았다. 그런데 남편은 내게 오히려 원숭이도 나무에서 떨어질 때가 있느냐고 되묻는 것이었다.

그렇다. 어쩌면 평소 꼼꼼한 내 성격을 잘 아는 남편의 적절한 반응이었는지도 모른다. 남편은 내가 어떠한 일을 시행하기에 앞서 조목조목 따져대면 늘 피곤한 스타일이라고 몰아세우곤 했었다. 그러나 이제는 그런 내 성격이 아주 싫지만은 않은 듯한 반응을 보일 때가 더러 있다. 남편이 지적했듯이 매사에 꼼꼼하고 차분하던 마음이 건강 이상 신호 앞에 속절없이 무너지며 허둥대는 모습을 드러낸 것이었다. 그런 척할 뿐, 인간이 어디 완전하랴. 남편의 말처럼 나무에서 떨어진 원숭이처럼 움츠린 마음으로 또 몇 일을 버텨야 했다.

대장 내시경 검사 전날 나는 점심을 끝으로 금식을 해야 했다. 저녁 무렵부터는 병원에서 정해준 시간에 맞춰 장 청결제를 복용해야만 했다. 그래서 나는 서둘러 퇴근을 했다. 그동안 식욕이 없어 식사를 제대로 하지 못했는데 막상 금식에 들어가니 갑자기 먹고 싶은 게 많아졌다. 귀갓길엔 유독 내가 좋아하는 메뉴의 간판들만 눈에 들어오는 게 바라만 보아도 저절로 입안에 군침이 돌았다. 그렇게 눈요기만으로 허기를 채워야만 했다.

그런데 그날 밤 딸아인 그런 내 속내는 아랑곳없이 저녁메뉴를 삼겹살구이로 정했다고 하는 게 아닌가. 엄마한테는 미안하지만, 아빠가 기력이 없어 보여 어쩔 수 없다면서 어느새 집안 가득 삼겹살구이 냄새를 풍기는 거였다. 그것도 내가 평소 즐겨먹는 오징어와 묵은지까지 곁들여 오삼겹구이를 해먹는 것이었다. 순간 야속했다. 그날따라 부녀가 마주 앉아 어찌나 맛있게 먹던지 얄미울 정도였다.

이튿날 아침 나는 서둘러 병원을 향했다. 엄마는 다른 건 몰라도 음식만은 착하게 먹지 않는다고 했던 딸아이의 질책을 떠올리며 대장 내시경 검사대에 올랐다. 그동안 걱정을 많이 해서였을까. 나는 예상시간 보다 일찍 잠에서 깨어났다. 아직 수면을 더 취해야 된다는 간호사의 만류에도 불구하고 자리를 박차고 일어났다. 순간 어지러웠다. 그러나 결과가 궁금했던 것이다. 마음의 병이었을까. 아무런 이상이 없다는 담당 의사의 말 한마디에 그동안의 증상이 말끔히 사라졌으니 말이다. 한 달이 몇 년 같았던 날들이었다. 하지만 지금은 검사 전과는 달리 하루가 무척 짧기만 하다.

진정 마음의 병이 컸던 것일까. 몇십 년 동안 길들어진 나의 식생활 습관이 서서히 변화되고 있으니 말이다. 건강은 건강할 때 지켜야 한다고 과감히 불규칙한 식생활 개선에 들어갔다. 지금껏 바쁜 일상에 쫓기여 대충 때운 점심을 보충하느라 저녁 식사만큼은 과다 섭취를 했었다. 그런데 뜻밖에 받아본 그 건강 이상 통지서로 인해 내 스스로 결단을 내리게 된 것이다. 가급적 자극성 있는 음식을 피하고 소식을 하려고 노력한다. 음식이든 뭐든 절제하는 것이 건강을 지키는 지름길이라 생각되기 때문이다. 어쩌면 건강 이상 통보를 받아 잠시나마 걱정 속에 전전긍긍했던 경험은 앞으로의 건강한 내 삶을 위한 전화위복의 좋은 신호였는지 모른다. 잠시 잠깐, 나쁜 일 때문에 속상할 때도 있지만 나쁜 일 이면에 있는 더 좋은 일에 대한 준비를 할 수 있도록 해야겠다는 교훈을 되새겨본다.

몰래온 손님

나는 오래전부터 어두운 색상의 옷을 즐겨 입었다. 그러나 속옷만은 밝은 색상을 고집해 왔다. 천연 세제를 넣고 삶아 햇볕에 잘 말린 속옷은 위생적일 뿐더러 촉감이 매우 좋기 때문이다. 그러던 나에게 변화가 생겼다. 겉옷은 차츰 밝은 톤으로 바뀌어 가고 반대로 속옷은 어두운색으로 뒤바뀌었다. 어느 지인의 솔깃한 귀띔이 까만 속옷을 애용하게 했다. 어두운 계통의 속옷이 행운을 부른다고 했기 때문이다. 그래서 어느 날 깜장 속옷을 샀다. 그렇게 난생처음 새카만 속옷을 입고 잠자리에 들었다. 그런데 공교롭게도 이튿날 새벽 안채에 불이 나고 말았다. 부엌 곳곳이 새까맣게 타버린 것이다.

서른을 넘긴 나의 아들이 첫돌이 되기 전의 일이다. 그해 여름은 유난히도 덥고 가뭄이 심했다. 그래서 남편은 메말라가는 논에 물을 뿜고자 논둑에 양수기를 설치했다. 그런데 공교롭게도 이튿날 새벽

굵은 장대비가 쏟아졌다. 그러니 시아버님은 그 전기모터가 걱정이 된 나머지, 여느 날보다 일찍이 여물 솥에 장작을 지펴 놓은 채 논으로 향했던 것이다.

그런데 화근은 그 이후에 찾아왔다. "불이야, 불이야"라는 시어머니의 다급한 외침이 새벽공기를 가르며 안채에서 사랑채까지 들려왔다. 장작을 지핀 여물 솥 아궁이에서 삭정가리로 그만 불똥이 튀었던 것이다. 그때만 해도 재래식 부엌에 함께 있던 나뭇간으로 옮겨붙은 것이었다. 잠결에 시뻘건 불빛에 놀라서 깨어난 어머니의 절규가 거센 빗속을 뚫고 있었다. 우리 네 식구가 곤히 자고 있던 별채까지 달려왔다. 남편과 나는 미처 겉옷을 걸칠 새도 없이 안채로 향했다. 그런데 부엌에서는 이미 시뻘건 불길이 안채를 통째로 집어삼킬 듯 무섭게 솟구치고 있었다.

나는 잔뜩 겁에 질려 아들 녀석을 품에 안고 대문 밖을 나섰다. 우선 아이들을 가장 안전하게 피신시켜야 할 것 같아서였다. 그런데 옆집 대문 앞에 서고서야 나 또한 남편과 같이 팬티 차림인 것은 알아차렸다. 그것도 간밤에 처음으로 사 입은 깜장 속옷 차림으로 말이다. 나는 행여 남이 볼세라 부랴부랴 집으로 발길을 돌렸다. 마당에 들어서니 다행히도 불길이 잡혀가고 있었다. 남편의 의용소방대 봉사활동 경험이 큰 빛을 발했던 것이다. 평소 갈고 닦은 봉사 정신의 그 진가를 확실하게 발휘한 셈이다.

그렇게 불길을 완전히 잠재웠다. 어느새 구름처럼 모여든 마을 사람들이 웅성웅성 우리 집 안팎을 에워싸고 있었다. 누군가의 신고로 요란스레 소방차도 들이닥쳤다. 옛말에 "불 난 끝은 있어도 물 난 끝은 없다."고 하더니 다행히도 큰 재난은 없었다. 그때는 우리 집 주거지가 소박한 흙담집으로 외양간과 재래식 부엌이 달린 곳이었다. 주방 안이 흙벽으로 이루어져 더 큰 피해가 없었지 싶다. 그런데 어머니는 행여나 아버님 때문에 불이 났으니 잡아가면 어떡하느냐며 내게 은근히 압력을 넣으시는 거였다. 내게 불을 낸 사람이 아버님이라고 말하지 말라는 엄명을 내리신 것이다. 표현하지 않아도 가슴 속에 있던 남편에의 정이지 싶다.

식전이라서인지 화재가 진화되자 마을 사람들은 서둘러 집으로 향했다. 남편과 나는 마치 물 폭탄을 맞은 듯 아수라장이 된 부엌을 정리하느라 정신이 없었다. 그때 뒤늦게 들에서 돌아오신 아버님이 마당에 들어섰다. 어수선한 집안 분위기에 적잖이 놀라신 듯 어리둥절했다. 이내 당신 때문에 일어난 화재였음을 짐작이라도 하신 듯 대뜸 어머니에게 푸념을 해댔다. 며느리 보기에 계면쩍었던지 날이 샜는데 왜 부엌에 나와 보지 않았느냐며 되레 호통을 치셨다. 지금껏 당신을 보호하기 위해 노심초사하신 어머니 심정은 아랑곳없이 말이다.

어느새 10월이다. 그러나 이상기온인지 한낮엔 햇살이 따사롭다.

산골에 살다 보니 아침저녁으론 기온 차가 심하다. 그러한 일기변화 때문인지 이따금 소방차 울음소리가 요란스레 들려온다. 그때마다 남편은 회갑을 넘긴 나이에도 불구하고 자기 일인 양 화재현장을 향한다. 불은 본래 사람에게 가장 유익하게 씌어 지지만 그 성질에 따라 다르다. 그러니 요즘처럼 건조한 날씨엔 화재 예방에 더 신경을 써야 하지 싶다.

아득히 먼 여름날 남몰래 찾아온 불청객 때문일까. 지금도 나는 소방차 울음소리만 들으면 가슴이 뛴다. 몇십 년이 지났건만 그때의 일들이 생생하게 떠오른다. 그 일로 말미암아 나에겐 불을 조심하고 단속하는 생활습관이 생겼다. 꺼진 불도 다시 보는 꼼꼼하고 신중한 태도는 작지만 그런 고난을 통해 얻게 된 것이었다. 화마는 언제 어떻게 도둑고양이처럼 찾아올지 모른다는 것을 실감했기에 평안할 때라도 방심하지 않게 된 것이다. 큰 재앙을 몰고 올지 모를 불청객이었지만 일찌감치 그 또한 내 인생의 좋은 역할을 해준 것인지 모른다.

고청봉의 기운

우리 마을엔 충청남도 문화재자료 제60호인 충현서원이 자리하고 있다. 그곳에 몸과 마음이 정화될 '공감 토크 고청 사랑방'이 마련되었다.

충현서원에선 매년 다양한 프로그램으로 서원문화 활용사업이 진행되고 있었다. 몇 해 전 나도 그 사랑방 강연에 참석했었다. 그땐 프로그램 명칭이 '일인 일색 화요사랑방'이었다. 재치있는 입담의 이종태 전 KBS 아나운서 진행으로 시작되었다. 인문학, 음악, 그림 등 다양한 예술 분야의 초청 강사로 이루어져 흥미로웠다. 사랑방 이야기는 매달 오후 7시부터 9시까지 진행되었다. 홍살문을 들어서면 왼쪽에 '박약당'이라 쓰여진 고풍스런 건물에 '고청 사랑방'이 있다. 퇴근길이지만 다과를 준비해 주니 요기가 되었다. 무료 강연에 간식까지 챙겨주니 일거양득의 시간이었다.

충청남도에 최초로 세워진 충현서원은 조선시대의 학자 고청 서기 선생이 유학에 깊은 뜻을 두고 이루어놓은 것이다. 공주시 반포면 공암리에 위치된 '충현서원 사적비'에 의하면 이렇다. 1581년(선조 14년) 서기 선생(1523~1591)이 중국의 주자를 추모하기 위해 '공암서원'이란 이름으로 처음 서원을 세웠다고 한다. 그 후 간신으로 의해 관직에서 쫓겨난 고려시대 이존오 선생, 올바른 의논을 펼치다 간신에게 죽임을 당한 조선시대의 이목 선생, 높은 품격으로 세상의 풍속을 순화시킨 성제원 선생 등의 명망과 덕행을 추모하기 위해 위패를 모셨는데 얼마 후 임진왜란(1592년)으로 소실되었단다. 주자의 초상과 서원의 옛 모습은 찾아볼 수 없었다니 비통했을 것이다.

그러나 1610년 고청 서기 선생의 제자들과 의금부도사 박로가 뜻을 모아 서원을 예전대로 세웠다고 한다. 소실된 주자의 초상화는 사판으로 대신하고 별도로 사당 옆에 건물을 지어 서기 선생을 모셨다니 지하에서도 기뻐하셨으리라. 그 후 1624년(인조2년) 고을의 제독을 지낸 중봉 조헌 선생을 모셨는데 이듬해 조정에서 '충현'이라는 이름을 받아 사액 서원이 되었다니 조헌 선생의 업적이 놀랍다.

한국 향토문화 백과사전에서도 중봉 조헌 선생의 화려한 이력을 엿볼 수 있었다. 어려운 환경 속에서도 학문에 뜻이 깊어 손에서 책을 놓지 않았다는 점이 내 마음을 끌었다. 성리학자 조헌 선생은 안타깝게도 임진왜란(1592년) 때 의병장으로 왜적을 물리치다가 세상을 등졌다고 한다. 49세 일기로 금산 벌판에서 죽음을 맞이했다고 해 가슴이 뭉클했다. 나는 출근길에 중봉 선생을 뵙는 듯 충현서원을 찾았다. 사적비 사이로 삐죽이 고개 내민 앳된 소나무가 손을 흔들며 정답게 맞아 주었다.

그 '충현서원 배향 인물' 비문은 말한다. 성리학자들이 받들던 주자 선생을 비롯해 석탄 이존오 선생, 한재 이목 선생, 동주 성제원 선생, 고청 서기 선생, 중봉 조헌 선생, 사계 김장생 선생, 동춘당 송준길 선생, 우암 송시열 선생 등의 이름이 새겨져 있었다. 나는 옷매무새를 가다듬고 선생들께 정중히 인사를 드렸다. 숭고한 정신의 중봉 조헌 선생을 마주한 듯 저절로 고개가 숙여졌다. 조선시대 충청남도 유학의 근원지인 충현서원 입구엔 문화유적 기념물 제46호가 세워져 있다. 돌담 너머 사당엔 주자 영정을 중앙에 두고 좌우에 나머지 위패를 모시고 있다고 한다. 매년 음력 3월과 9월에 제사를 지낸다고 전해진다.

그 당시 '공암서원' 이란 이름의 서원은 1625년(인조3년)부터 '충현서원' 으로 불리게 되었다고 한다. 조선중기 손꼽히는 학자라서일까. 김장생 선생, 송준길 선생, 송시열 선생을 모시어 지방 유생들에게 선현의 가르침을 담당하게 하였다니 말이다. 그런데 허망하게도

1871년(고종8년) 흥선대원군이 서원철폐령을 내렸단다. 훼철된 그 서원 제사를 지내오다가 1925년에 다시 지어 오늘에 이르고 있다고 한다.

숱한 수난 시대 속에서도 학자들의 강학으로 활기찼을 충현서원이 더 소중하게 여겨진다. 송시열 선생 '추향기' 비문이 말해주듯 우암 선생은 뒤에 모셔져 기록된 것이 없었단다. 많은 사람들이 아쉬워해 기록하게 되었다니 얼마나 다행스런 일인가. 높은 관직을 두루 거친 송시열 선생은 굳은 지조와 바른 정신으로 주자의 법도를 따랐다니 그 시대에 부응한 참 인물이었을 것이다.

계룡산 기슭, 고청봉이 감싸 안은 충현서원은 철 따라 수려한 풍광도 한몫한다. 유학을 상징하는 그 서원을 최초로 건립한 학자 고청 서기 선생은 일찍이 서경덕과 이지함의 가르침을 받았단다. 지리산에서 후진 양성에 전념했으나 고청봉 아래 터를 잡고 살면서 뜻을 이루었다니 선생은 필시 공암마을과 인연이 깊은 모양이다. 홀로 외로운 푸른 봉우리란 뜻을 지닌 선생의 아호 고청! 선생은 어쩌면 평생 외로이 그 산봉우리를 우러르며 살았을 터이다. 그 시절 강학으로 가슴 뜨거웠을 고청 선생처럼 오늘날 '공감 토크 고청 사랑방'의 반응도 뜨겁다.

나는 글을 쓰다가 머릿속이 복잡해지면 용수천변 둑길을 걷는다. 고청 선생 발자취 깃든 연정길과 연지를 향하곤 한다. 연정은 '박약재' 란 이름으로 선생이 처음 터를 잡아 학문을 닦고 연구를 한 곳으로 충현서원 북쪽 백 미터 거리에 자리한다. 충현서원의 모태가 된 '박약재' 로 불리는 연정은 공주시 향토문화유적 기념물 제31호이다. 선생이 산책을 즐긴 연지도 근처에 있으니 돌아보기 부담감이 없는 터이다. 고청 선생의 기운을 받고자 해서다. 내가 사는 공암마을에서 충현서원 같은 역사적 공간을 함께할 수 있으니 특혜를 누리는 셈이다. 언제나 의연한 모습으로 오가는 길목을 밝혀 주니, 그 기운만으로도 마음이 충만해질 때가 있다.

나무들의 소망

새집 지어 이사 온 지도 어느새 20년이 되었다. 그래서 지난 4월 초, 남편과 나는 식구들의 취향대로 기념 식수를 했다. 남편은 종가의 맏이답게 제사상에 올릴 대추나무와 밤나무를 선택했고, 나는 딸아이가 좋아할 새콤한 과실이 열릴 살구나무와 아들의 몫으로는 고소한 견과류를 기대하며 호두나무를 선택했다. 그리고 나의 몫으론 갱년기에 특효약으로 알려진 석류나무를 심었다.

그 묘목들이 푸른 잎을 피우고 머지않아 열매를 맺을 보금자리는 두 곳으로 나누어졌다. 남편과 아들의 몫인 대추나무와 밤나무 그리고 호두나무는 집 앞 농장에 심어졌고, 딸아이와 나의 몫인 살구나무와 석류나무는 마당가에 심어졌다.

그렇게 명목은 식구마다 각자의 나무로 정해서 심어졌다. 그러나 가꾸는 것은 순전히 남편의 몫이 될 게 뻔해서인지, 애초에 내가 꽃이 예뻐 심으려 했던 복숭아나무는 남편의 반대로 심지 못했다. 벌레가 많이 생겨 농약을 자주 해야 한다는 게 주된 이유였다.

해마다 4월이면 나의 출근 길목인 동학사 진입로에는 벚꽃들이 흐드러지게 핀다. 벚꽃이 지고 난 후에는 어김없이 복숭아꽃이 국도변을 환히 밝혀준다. 나는 언제부턴가 복숭아꽃의 황홀한 빛깔과 자태에 마음을 몽땅 빼앗기고 말았다. 그래서 올해엔 우리 집 정원수로 꼭 들여놓고 싶었다. 그런데 남편의 뜻에 따라 심지 못해 아쉬움이 크다. 내년에는 무작정 그 묘목을 심을 예정이다. 봄이 오면 어여쁜 모습을 고스란히 화폭에 담아낼 상상을 하면서 말이다.

30여 년 전 남편과 백년가약을 맺은 후 결혼 기념 식수로 담장 곁에 백목련을 심었다. 나의 애창곡인 가곡 '4월의 노래'의 노랫말처럼 내심 목련꽃 그늘 아래서 그 누군가의 편지를 읽고 싶었는지도 모르겠다. 그런데 그 나무는 새집으로 이사를 오면서 심한 몸살을 했다. 토질이 맞지 않았던지 그해를 넘기지 못하고 끝내 죽고 말았다. 그래서 이듬해 아쉬움을 달래고자 또다시 하얀 목련나무를 심었는데, 어느덧 20년이나 되어간다. 해마다 4월이면 마당가에서 탐스런 꽃송이들을 피워서인지, 우리 집은 새로 이사 온 주민들에 의해 목련나무집이라 불린다.

몇 해 전 나는 백목련 곁에 자목련이 나란히 있으면 좋을 것 같아 남편에게 제안하여 자목련 한 그루를 심게 했다. 그런데 무성하게 자라난 다른 나뭇가지들에게 치여 몸이 영 부실하기만 하다. 보리수와 앵두나무까지 음지에서 햇볕이 그리운지 연신 담장 옆을 기웃거린다. 열악한 환경 탓인 듯 키는 자라지 못했지만, 나잇값을 하느라 해마다 바알간 열매를 맺곤 한다.

새집에서 살아온 지도 어언 20년, 정원과 농장에 심은 나무는 그 외에도 여러 가지다. 열 그루가 넘는 매실나무 외에도 앵두나무, 옻나무, 가죽나무, 오갈피나무 등, 나무들 이름도 다양하다. 해마다 봄이 오면 마당 가득 라일락 향기가 그윽하게 피어오른다. 영산홍도 덩달아 눈부신 꽃망울을 터뜨린다. 그 꽃은 생전에 아버님이 심으셨다. 그래서인지 아버님의 영혼이 깃들어 있는 듯하다. 새집으로 이사를 와 두 해를 보낸 후 떠나셨으니, 영산홍 또한 아버님 돌아가신 세월과 함께 20년이 되어 간다.

지난 4월에 심은 나무들 중 유독 남편의 몫으로 심은 대추나무만이 꽃을 한껏 피우더니, 마침내 튼실한 열매를 맺었다. 그 나무는 값나가는 신품종이라는데 투자한 만큼 보답을 톡톡히 하려나 보다. 남편은 올 추석엔 자신이 손수 키운 대추를 차례상에 올릴 수 있겠다며, 무척이나 흐뭇해했다. 그래서 나도 뒤질세라 오래전 내가 심은 단감나무로 해마다 추석 차례상을 풍성하게 하지 않느냐며 너스레를 떨었다.

딸아이를 가졌을 때 나는 심한 입덧으로 몸져누워야만 했다. 그런데 그때 뒤곁에 있던 살구나무가 몸을 추스를 수 있게 했다. 그해 봄날, 튼실한 나뭇가지에 어찌나 많은 열매가 열렸던지 그 새콤한 살구 맛으로 인해 입맛을 되찾게 된 것이다. 그렇게 태아기부터 살구 맛을 느껴서일까. 딸애는 지금까지도 어릴 적 즐겨 먹던 새콤달콤한 살구 맛을 그리워한다. 그 과실수 철이 되면 입안 가득 신물이 고인다며 곧잘 살구 타령을 하곤 했다. 그래서 올봄에 딸아이 몫으로 신품종 살구나무를 정원수로 심었다. 앞으로 3년 후에야 열매를 맺는다니, 어쩌면 딸아이의 그 자식들의 차지가 될지 모르지만 말이다.

아들은 평소 무뚝뚝해서 붙여진 '까칠 남'이라는 별명답게 입맛 또한 깐깐하다. 자신이 싫어하는 과일은 일절 입에 대지 않는다. 그런데 호두만은 예외였다. 해마다 우리 집은 옛 풍습에 따라 정월 대보름날 아침, 호두, 땅콩, 밤 등을 식탁 위에 준비해 놓는데, 녀석은 유독 호두 까먹길 즐겼다. 그래서 지금처럼 훗날에도 내 아들의 그 자손들이 오손도손 부럼을 까먹는 풍경을 상상하면서 심게 된 것이다.

여성 건강을 위한 어느 안내서에 의하면 석류는 갱년기 여성들에게 가장 좋은 건강식품이라고 한다. 특히 석류로 만든 건강식품은 20대부터 50대에 이르기까지 상당한 효과를 나타내는 특효약이라고도 했다. 날마다 마당 한켠을 묵묵히 지켜주는 석류나무, 그 나무를 보고 있으면 마치 잘 익은 석류 알을 입안에 넣은 듯, 금세 입안 가득 침이 고이곤 한다.

이제 곧 가을이 가고, 겨울이 오면 나무들도 쓸쓸히 옷을 벗을 것이다. 그리고 추운 겨울을 지나 따스한 봄이 오면 빈 가지마다 푸른 잎을 피우리라. 마당가 목련나무도 탐스런 꽃망울을 터뜨릴 것이고, 갖가지 과실나무 꽃들이 오가는 사람들에게 봄의 향연을 베풀어 줄 것이다. 다양한 꽃들이 피어나는 우리 집이 모두에게 희망과 행복을 나누어주는 축제장이 되길 빌어본다.

소중한 인연들

나눔의 행복

따끈한 커피 한 잔을 받아든 센베이 과자점 아저씨는 환한 미소를 건넨다. 영하 십도를 오르내리던 올해 초 유성 5일장 어느 날의 일이다.

아저씨는 오래전부터 내 가게 건물 앞 유성 5일 장터 길을 지킨다. 장날이면 주차할 곳이 마땅치 않아 한겨울에도 어두컴컴한 새벽에 집을 나선다고 한다. 오전 6시가 채 되기도 전 장터에 도착한다니 여간 부지런한 게 아니다. 그런데 어떤 땐 우습게도 시베리아 에스키모 같은 복장을 하고 온다. 날씨가 추워 그런 옷차림을 한 날이면 나는 가게 문을 열자마자 커피포트에 물을 끓인다.

봉사의 기쁨이랄까, 5일에 한 번 열리는 유성 5일 장터 길, 나의 일과는 늘상 커피 봉사로 시작된다. 내가 가게를 지키며 할 수 있는 유일한 자원봉사인 셈이다. 경제가 어려워서일까. 언제부턴가 내 가게 앞에도 올망졸망 5일장 자판이 펼쳐진다. 각종 채소들과 과일, 약초, 과자류 등 그 종류도 다양하다. 장날엔 내 가게에도 많은 사람들이 들락거리지만 실속은 없다. 그러나 나는 사람 냄새 물씬 나는 장날이 좋다. 생동감 넘치는 삶의 터전에 세상사는 이야기꽃이 정겹게 피어오르기 때문이다.

"봉사는 최고의 공덕입니다."라고 한 어느 불교연합회 신년하례식 기사가 생각난다. 공덕은 좋은 과보를 얻기 위한 선행으로 불교에선 가장 중요시하는 행위라는 것이다. 5일에 한 번 내 가게 건물 앞 상인들에게 소소한 커피 한잔의 작은 나눔이지만 아무런 조건 없이 베풀 수 있는 기회가 주어져 감사할 뿐이다.

나는 젊은 날엔 개신교에 심취했었다. 그러나 결혼 후 시부모를 따라 불교에 뜻을 두게 되었다. 하지만 시어머니의 병상이 길어지며 가톨릭 세례를 받았다. 신앙에 그리 열정적이진 못 했어도 그땐 어쩌면 가정신앙에 잡착해 "해물리기"를 하라는 어머니의 간곡한 요청을 피해갈 최선의 방법이었는지도 모른다.

어머니는 해마다 몸을 다치셨다. 당신에게 일어나는 일들이 잡귀들 때문이라며 내게 손수 귀신을 쫓는 방법을 설명하셨다. 된장국을 끓여 바가지에 담아 식칼로 휘휘 저어 잡귀를 향한 주문을 외친 후 마당에 뿌리라고 했다. 식칼과 바가지도 마당에 힘껏 던지라고 했다. 그런 행위는 반대로 귀신을 끌어들이는 일인 것 같아 무서움에 선뜻 마음이 내키지 않았던 그 해물리기란 한국 민속신앙 사전에 의하면 이렇다. 해물리기는 민속신앙으로 주술적 민간요법이라고 하는데, 재수가 없어 객귀가 붙어 생긴 질병을 된장국이나 시래기국으로 잡귀 잡신에게 풀어 먹여 집 밖에 내보내는 의식을 말한다는 것이다.

시부모 모두 떠나시고 없는 지금, 돌이켜 생각해보니 그 모든 상황은 시부모와 함께 사는 맏이의 고충이었지 싶지만, 그마저 아련히 그리운 추억이 되어버렸다. 아슴히 떠오르는 먹빛 기억들, 희생과 봉사 정신 없이는 감당하기 힘들었을 터이기에 나름 삶을 잘 경영했다고 위안한다.

오래전 나는 미용 봉사를 꿈꾸어 왔다. 젊은 날 사회복지시설에서 미용 봉사를 한 경험을 바탕으로 나이 들어 심신이 한가로워지면 생활이 불편한 오지마을을 찾아가서 내가 가진 능력을 마음껏 발휘하고 싶었다. 일상이 곧 글의 소재가 되기에 일거양득을 꿈꾸었는지도 모른다. 그러나 팍팍한 삶이 날 놓아주지 않았다. 이제는 자식들 다 여우살이 시키고 마음 한가롭지만, 이따금 내 몸이 이상 신호를 보낸다. 그동안 혹사시킨 내 몸에게 미안해서 이제부턴 삶의 브레이크를 적당히 밟으려 한다. 더욱이 미용일은 체력이 뒷받침되어야 하기에 몸조심을 하지만 커피 봉사는 크게 힘들이지 않고 할 수 있는 봉사의 작은 실천이 아닐까 싶다.

소원하던 미용 봉사의 꿈은 이루지 못했다. 그러나 유성 5일장 커피 봉사는 계속될 것이다. 이래저래 인연이 닿아 내 가게 앞 5일 장터 길을 지키는 사람들, 비록 차 한 잔의 소소한 나눔이지만 보이지 않는 곳에서 낮은 자세로 마음을 기울일 것이다. 덕을 쌓을 수 있는 기회가 주어진 것을 감사하게 생각하련다. 내가 꿈꾸어 왔던 미용 봉사와 종류는 다르지만, 본질은 같기에 유성 5일장이 더 기다려지는지도 모른다.

바람 같은 인연들

– 9월을 기다리며

그들은 떠났다. 지난 5월 말, 나의 가게 뜨내기손님으로 찾아와 수많은 사연들을 쏟아 놓고는 바람처럼 사라졌다. 소박한 모습의 부부는 결혼생활 18년 만에 처음 여행길에 나섰단다. 온천지로 유명한 충남의 온양을 거쳐 대전 유성의 모 호텔에서 머물며 나의 가게를 3일간이나 들락거렸던 것이다.

남편의 직업은 작곡가이고, 부인은 전업주부로 거주지는 음악가들이 주로 모여 사는 서울 신촌의 모 대학가라고 했다. 그 작곡가는 곱살한 외모와는 달리 어릴 적 부모님의 이혼으로 불우한 삶을 살아야 했단다. 그러나 마음씨 고운 아내를 만나 결혼한 후 그 외로움에 4남매의 가장이 되었으며, 자신의 가정을 가장 소중하게 여긴다고도 했다.

그런데 석 달 전 그에게 시련이 찾아왔단다. 갑작스레 쓰러져 서울의 모 대학병원에 입원했는데, 안타깝게도 병명이 C형 간염이라고 했다. 그렇게 그는 3개월간을 병마와 싸우며, 내심 한 번도 갖지 못한 아내와의 오붓한 여행을 꿈꾸어 왔단다. 그 뜻을 이루고자 며칠 전 퇴원해 둘만의 첫 나들이를 하고 있는 거라고 했다. 그동안 꿋꿋하게 앞만 보고 걸어왔기에 안정된 삶을 꾸릴 수 있었다는데, 이제는 자신의 목숨을 하늘에 맡겨야 할 처지라고 해 마음이 짠했다.

그는 새어머니와의 갈등으로 일찍 아버지 집에서 독립해서 이제는 돌아가신 아버지와는 소원하게 살았단다. 그런데 자신도 부모가 되고 나니 아버지의 마음을 헤아릴 수 있었다고 했다. 그래서 속죄하는 마음으로 유성 현충원에 안장된 아버지를 뵙고자 대전에 온 것이라고 했다. 나는 국립묘지로 향하는 그에게 목마를 때 마시라며 생수병에 담아 두었던 오갈피 달인 물을 건넸다. 만병통치약이라는 말도 잊지 않은 채 말이다.

나의 호의에 친밀감을 느낀 걸까. 이튿날 부부는 다소 편안해진 모습으로 가게 출입문을 밀고 들어섰다. 오렌지 주스를 사 들고 와서는 시간 가는 줄도 모른 채, 마냥 이야기꽃을 피웠다. 근육통에 피로감마저 쌓여 걷기가 힘들다면서 자신의 인생 역경을 담담하게 들려주었던 것이다. 그날은 하늘도 우리들의 만남을 반겨주듯 가게에 손님이 적어 오붓한 대화의 시간을 가질 수 있었다. 예술방면에 서로 관심이 많다 보니 대화가 통했다. 그래서 우리는 조촐하게나마 컵라면으로 점심 식사까지 함께 할 수 있었던 것이다.

측은한 마음에 나는 긍정적으로 살다 보면 기적은 일어난다며 그를 위로했다. 그리고는 14년 전, 나의 지인 중 병원에서 불가능하다고 했던 중증 암을 이겨낸 어느 소녀의 이야기를 들려주기도 했다. 나의 격려에 위안이 되어서일까. 오는 9월, 건강이 허락한다면 대전에 또 내려올 예정이라며 가게에 꼭 들리겠다는 말도 덧붙였다.

그의 팔뚝에는 시커먼 문신이 새겨져 있었다. 순수해 보이는 인상과는 달리 그 시커먼 문신은 혐오감을 주기에 충분했다. 젊은 날 싸움판에서 강인해 보이기 위해서 그것을 했었다며, 한숨 섞인 푸념을 했다. 그때는 부모에게 버림받았다는 생각에 세상이 원망스럽기만 했단다. 그러니 자신을 돌아볼 겨를이 없었다고도 했다.

학창시절 늘 상위권이었던 그의 성적은 반항심으로 하위권에 머물게 되었단다. 가정에서 받은 상처가 가슴에 멍에가 되어 공부는 뒷전이었다고 했다. 그런데 긴 방황 끝에 음악이 그에게 찾아왔단다. 그때부터 글을 쓰고 곡을 만드는 게 본업이 되었다고 했다. 지금껏 음악은 그에게 있어 유일한 낙이자 밥줄이 되고 있다고 했다. 학연도 인맥도 짧은 자신이 고독한 예술세계에서 인정받기까지는 아내의 아낌없는 내조가 있었기 때문이란다. 그는 부인을 어떤 공연에서 운명처럼 만났단다. 그렇게 결혼한 아내의 헌신적인 뒷바라지가 있었기에 자신이 좋아하는 분야에서 최선을 다할 수 있었다고 한다.

수십 년 전 나의 이십 대 때, 푸른 꿈을 가슴에 심어주었던 서울의 거리, 친구들과 미래를 설계하며 거닐던 덕수궁 돌담길, 피로한 정신의 휴식처가 되어 주었던 잔잔한 선율의 음악 감상실 등이 회상되었다. 그도 그 시절 음악다방에서 잘나가는 DJ였다고 했다. 나도 그때 친구들과 종종 음악다방을 찾곤 했었다. 쓴 커피 한 잔 값으로 온종일 감미로운 음악 속에 빠져들곤 했던 것이다. 마치 우리는 그 시절로 돌아간 듯 추억의 거리를 떠올리며, 서로에게 훈훈한 웃음을 선사했다. 그날만큼은 잊혀져 가던 먼 기억들 속을 마음껏 거닐며 즐거워했다.

최근에 접하게 된 어떤 스님의 책을 손에서 놓지 못하고 있다. 그 책 속의 글귀들이 어쩌면 그리도 가슴에 와 닿는지, 마치 내 마음을 대변해 주는 것 같아서이다. 스님은 그랬다. "인간은 난로처럼 대해야 합니다. 너무 가깝지도 너무 멀지도 않게." 그러면서 가장 기본적인 마음가짐으로 우선 사람을 대할 땐 난로를 대하듯 해야 한다고 했다. 인간관계에 있어 너무 가까이 하다보면 난로처럼 뜨거워서 자칫 큰 상처를 입을 수 있지만, 반대로 너무 멀리하면 그 존재감을 몰라 도타운 정을 느끼지 못한다는 뜻이다.

그 부부와 헤어진 지 어느덧 달포가 되어간다. 그런데 모 가수의 노랫말처럼 그와의 만남도 우연이 아닌 듯, 뇌리에서 떠나지 않는다. 가는 세월은 붙잡고 싶지만, 못내 9월이 기다려진다. 다시 그들을 만날 수 있는 날, 감사하는 마음으로 맞으리라. 그 스님의 말씀처럼 너무 가깝지도 너무 멀지도 않은 거리를 유지하면서.

아주 특별한 결혼식

그날, 핑크빛 한복을 곱게 차려입은 친구의 모습은 마치 활짝 핀 복사꽃처럼 화사했다. 그것도 양가의 장성한 자식들의 아낌없는 축복 속에 이루어지는 결혼식이었으니, 그 얼마나 뜻깊고 감격스런 일인가.

나의 초등학교 동창생인 J는 이십여 년 전, 그러니까 삼십 대 중반에 남편과 사별을 했다. 그때 J에게 남겨진 유산이라고는 달랑 허름한 집 한 채와 홀로 된 시어머니, 그리고 초등학교에 다니는 남매들뿐이었다. 그때까지만 해도 전업주부였던 J는 남편을 보내고 가장으로서 넋 놓고 앉아 있을 수만은 없었다. 그래서 그녀는 두 아이들을 위해 씩씩하게 생활전선에 뛰어들어야만 했다.

하지만 온상 속에서만 살던 J가 삭막한 사회를 감당하기에는 너무나 힘겨웠을 것이다. 식당으로 청소업체로 또는 병원의 간병인 등으로 수없이 직업을 바꾼 데에는 그 어려움이 어떠했을지 짐작이 간다. 가끔씩 나를 찾아올 때마다 그녀는 눈가에 작은 이슬방울을 그렁그렁 매달고 왔다. 그리고는 이내 내 가슴까지 쓰리도록 펑펑 울음을 쏟아내곤 했다. 한없이 착하고 정이 많은 J는 모진 세파에 시달리느라 차츰 얼굴의 웃음기까지 사라져 갔다.

그러나 그러한 역경 속에서도 남편과 사별했을 때 초등학생이었던 딸을 나름대로 잘 키워 출가시켰다. 듬직한 사위를 맞아 이제는 두 손주의 할머니가 되어 웃음 띄며 손주들 자랑을 한다. 아들 또한 장성하여 사회인으로서 당당하게 제 앞가림을 하고 있으며, 어여쁜 신부를 맞을 채비가 되어 있단다. 혼자의 힘으로 두 자녀를 독립시켰으니 이만하면 자식 농사를 성공적으로 해낸 것이 아닌가.

그런데 J는 언제부턴가 이따금 나를 찾아와 활짝 웃기 시작했다. 일 년 전 자신의 동생을 통해 알게 된 어떤 분과 데이트를 하는 중이라면서 말이다. 그리고 그분의 종교를 따르고자 성당에 나가 교리공부를 하고 있다는 말도 덧붙였다. 그렇게 J의 밝아진 모습에서 그동안 느껴보지 못했던 편안함과 행복감까지 엿보며, 내심 좋은 일이 있을 것을 직감했었다.

그러던 지난 9월 하순경의 일이다. 둑방길 따라 구절초 향기가 그윽하던 어느 날, J가 예고도 없이 날 찾아와 뜻밖의 소식을 전해왔다. 세례는 한 달 전에 받았으며, 신부님의 주관 아래 며칠 후 조촐하게나마 성당에서 혼인성사를 하기로 했다는 것이었다. 남편 될 분이 다니는 대전 근교의 K성당에서 말이다.

그날 나는 K성당에서 혼인성사가 진행되는 내내 고개 숙여 간절히 기도를 했다. 부디 친구의 새로운 출발이 행복의 결실을 맺길 기원한 것이다. 밝게 웃는 모습을 오래도록 볼 수 있게 해달라고 했다. 내 염원의 힘이었을까. 그날 J는 마치 만개한 꽃처럼 세상에서 가장 아름다운 신부가 되어, 그 성당 혼인성사 장을 환히 밝혀 주었다.

이튿날 J는 그동안 묵묵히 짊어져야만 했던 고독한 삶의 무게를 다 내려놓고, J만큼이나 선량해 보이는 신랑과 필리핀의 남쪽 팔라우섬으로 신혼여행을 떠났다. 그 후 아직은 J를 보지 못했다. 그러나 그때 해맑던 J의 모습은 지금껏 내 가슴에 남아 마음을 따뜻하게 해주고 있다. 아마도 그 감동적인 순간만큼은 영원히 잊지 못할 것 같다.

눈물 속에 피는 꽃

지난 장날에도 건물주 할머니는 먹음직스런 막과자를 사오셨다. 오일장에서나 볼 수 있는 푸짐한 막과자 한 보따리를 내 품에 듬뿍 안겨 주었다. 벌써 몇 번째다. 처음엔 내가 다달이 집세를 잘 내니까 사준다고 했고, 두 번째는 가게 손님들과 심심할 때 먹으라고 사주었다.

그러던 어느 날 할머니가 특유의 샴푸 냄새를 물씬 풍기며 내 가게에 나타났다. 희끗희끗한 머리카락이 목덜미까지 내려와 얼마나 답답하셨던지 아주 짤막하게 잘라 달라고 했다. 잡초처럼 잘려져 미용실 맨바닥에 흩어져 있는 머리칼을 내려다보며, 할머니는 이제 나이 들어 당신 몸도 마음도 약해지신 듯 날마다 사는 게 적막강산이라고 했다.

그날 나의 진심 어린 답례 인사가 할머니에게 큰 위로가 되었던 걸까. 두 번째 사온 과자를 다 먹지도 못했는데 며칠 후 장날, 또 막 과자를 사 왔다. 이제는 노환으로 거동이 불편해 간신히 발걸음을 옮기면서도 당신 손수 과자를 사 들고 와 내 손에 꼭 쥐여 주었다. 이제는 날마다 나의 출퇴근을 돕는 내 남편에게도 꼭 전해 주라는 것이었다.

불혹의 나이에도 할머니는 곱살한 외모로 주위 사람들의 시선을 사로잡았다고 한다. 오뚝한 콧날에 호수처럼 맑은 눈망울을 지니셨으니, 마치 봄날 만개한 히아신스 같았을 것이다. 젊은 날 할머니는 생김새만큼이나 성격 또한 특별했다. 이따금 내 가게에 오셔서 차 한 잔이라도 대접하려면 극구 사양하는 등 아예 소파에 앉지도 않으셨다. 어쩌다 월세 줄 날이 하루라도 지나면 이튿날 가게로 득달같이 달려와 출입문을 지키고 계셨으니, 그때 나는 손님들에게 영락없는 빚쟁이가 되어버렸다.

강산이 몇 번이나 변한 지금에서야 할머니의 마음이 넉넉해지고 있다. 그러나 할머니의 고집만은 여전하다. 월세를 계좌이체 시키면 좋으련만 수표도 마다하고 오로지 현금만을 당신 손에 쥐여 달라 하신다. 그러한 할머니의 마음을 내가 잘 읽어서일까. 근래 할머니의 모습이 내게 많은 것을 생각하게 한다. 법정 스님의 말씀을 떠올리게 하는 것이다. 스님의 법문에 의하면 깨달음과 닦음은 개인적인 체험과 사회적인 의무로 결국은 나누어 가짐으로 이어진다고 했다.

그러니 어쩌면 할머니에게 닥친 아픔이 배려심과 나눔의 정신을 키워 주었는지도 모르겠다.

슬하에 7남매를 둔 할머니는 두 해 전 불의의 사고로 막내 아드님을 잃었다. 다행히도 그 아들은 대를 이을 핏줄 하나를 두었는데 그 손자가 당신 아들을 쏙 빼닮았다며 눈시울을 붉혔다. 평소 가장 살갑게 했던 막내아들이 세상을 뜨던 날도 할머니에게 손수 따뜻한 밥을 지어 저녁상을 올렸다며 할머니의 마음은 온통 막내 아드님을 향한 그리움에 젖어 있었다. 그래서 자식은 죽으면 어머니 가슴에 묻는다고 하였던가.

지난 여름 나는 해외여행을 다녀오느라 집세 줄 날을 무려 일주일이나 넘겼다. 몇십 년 동안 그렇게 늦어본 적이 없었기에 해외여행을 마치고 귀가하는 내내 마음이 편치 않았다. 집세가 하루만 늦어져도 안색이 변했던 지난날의 할머니 모습이 내 머릿속을 맴돌았다. 그래서 이튿날 가게에 출근하자마자 곧바로 할머니에게 집세를 갖다 드렸는데 할머니는 뜻밖에도 내게 고맙다고 하시는 거였다. 그동안 영업도 못 했는데 어찌 집세를 마련해 왔냐면서 마치 봄날 활짝 핀 히아신스처럼 예쁜 미소를 머금는 것이었다. 여행은 잘 다녀왔냐는 안부 인사까지 덧붙이면서 말이다.

함께 사는 며느리에 의하면 할머니는 결벽증이 심해 양약도 생수에 헹구어 드신다고 한다. 외식을 할 때도 당신이 깔고 앉을 자리를 손수 가지고 다니는 등 여간 수선을 떠시는 게 아니라고 했다. 예전보다는 많이 나아졌지만 지금도 할머니의 결벽증만은 여전하신 모양이다. 그러던 할머니가 요즘엔 부쩍 몸이 더 안 좋아져 당신 거처인 2층 계단을 기어 오르내리신다. 자식들이 집을 비우면 적적하신 듯 장날엔 아예 층계 맨 아래까지 내려와 노점상 앞에 자리를 펴신다. 오일장 풍경을 그렇게 만끽하시곤 한다. 이제는 몸이 더 연약해지시니 시끌벅적한 시장 풍경이 더 가슴에 와 닿는지도 모르겠다.

어느새 무덥고 지루한 여름이 가고 이제 제법 아침저녁으로 찬바람이 옷깃을 여미게 한다. 아직 장날은 멀었는데 오늘은 웬일일까. 할머니는 아침부터 층계를 내려와 맨바닥에 앉아있다. 세상을 뜬 막내 아드님이 그리우신 듯 하염없이 바깥세상을 내다보고 계셨다. '슬픈 사랑'이란 히아신스 꽃말처럼 할머니는 오늘도 당신 가슴에 묻은 막내 아드님과 가슴 시린 사랑의 꽃을 피우고 계신 걸까.

잊지 못할 추억

지난달에도 그녀는 김밥 두 줄을 사 들고 내 가게에 들어섰다. 식사 때를 놓친 내 사정을 짐작이라도 한 듯 그녀는 선뜻 김밥 한 줄을 내게 건네주고는 자기 몫의 김밥을 단숨에 먹어 치웠다. 그녀 또한 끼니를 놓쳐 배가 많이 고팠던 모양이다. 행여 나는 그녀가 목이 메어 탈이 날까 얼른 생수를 따라 마시게 해준다. 따끈한 커피까지 건네고는 머리 손질을 하기 시작한다. 그녀의 머리 스타일은 단발형 보브 스타일로 다달이 머리 손질을 하러 온다.

오십 대 중반의 그녀는 경상도 출신으로 슬하에 삼남매를 두었다고 한다. 원래 거주지는 서울이지만 몇 년 전 남편의 직장을 따라 대전에 내려와 그들 부부만의 보금자리를 꾸렸단다. 그러니 타향살이를 하는 것이다. 서울에선 시어머니가 자녀들을 보살피고 있다니 두 집 살림을 하는 셈이다. 생활비가 많이 들어 남편을 출근시킨 후 파트타임으로 일을 한다고 했다. 그런데 점심 식사시간이 촉박하단다. 그래서 길거리에서 점심을 대충 때우곤 한다니 그나마 머리 손질하는 날이면 편안하게 앉아서 끼니를 해결하는 셈이었다.

그녀는 투박한 경상도 말씨와는 달리 마음씨는 따뜻했다. 쫓기듯 살지만, 정이 많을 뿐더러 언제나 활기가 넘쳤다. 누군가 나에게 정이란 무엇이냐고 묻는다면 나는 아무런 망설임 없이 샘물 같다고 할 것이다. 그곳은 언제나 맑은 물이 솟아오르기 때문이다. 사람은 누구나 정을 가지고 있다지만 세상에 자신의 마음을 알아주는 것만큼 고마운 일이 어디 있으랴.

그녀를 보면 아득히 먼 나의 학창시절이 떠오른다. 그때 나는 서울에서 야학을 했었다. 그래서 길거리에서 끼니를 대충 때우곤 했는데 학교 근처엔 내게 소박한 식사가 되어줄 튀김집이 나란히 자리하고 있었다. 지금의 이동식 포장마차다. 그 시절 즐겨 먹던 튀김집은 이름이 독특한 소문난 튀김집과 잊지 못할 튀김집이었는데 그중 내가 즐겨 찾던 곳은 잊지 못할 집이었다. 낭만적인 그 튀김집 이름 때문인지 마음이 끌렸다. 그곳은 지금은 재개발로 흔적도 없이 사라졌지만, 그 튀김집만은 그 모습 그대로 내 가슴 속에 남아있다. 배고프던 시절의 단골집이어서인지 잊혀지지 않는다.

튀김집 메뉴는 주로 고구마튀김과 야채튀김이었는데 그땐 튀김 하나에 5원이었다. 그 두 튀김집은 서로 손님을 끌고자 이십 원어치를 사면 튀김 하나를 덤으로 주었다. 바삭바삭하게 튀겨진 고구마튀김 하나로 서로 경쟁을 했다. 나는 그 덤 하나에 마음을 빼앗겨 친구들과 우르르 몰려다녔다. 그땐 그 튀김이 내게 최고의 진미가 되었기 때문이다. 그렇게 나도 그 시절 끼니를 놓쳐 길거리에서 식사를 대충 때우곤 했었다. 그래서 그녀에게 더 마음이 가는지도 모른다.

비록 그땐 힘들었지만, 지금은 거리에서 때우던 추억마저 내 삶의 에너지원이 되어주고 있음을 느낀다. 그래서 사람은 누구나 추억을 먹고 산다고 하였던가. 힘겨웠던 추억이 있었기에 현재를 감사할 수 있으니 어려웠던 추억마저도 참으로 소중하게 여겨진다. 고구마튀김을 보면 언제나 그때 그 추억이 아련히 떠오른다. 비록 가슴 시린 날들이었지만 따스한 풍경화가 되어 떠오른다. 그런 마음속의 정경이 때로는 피로한 삶에 활력을 준다. 그 시절의 몇몇 어두웠던 기억마저 지금은 내 삶의 등불이 되어주고 있다.

나의 결혼생활도 어느새 수십 년이 되지만 바쁜 일상에 얽매어 제때 끼니를 못 찾아 먹는 것은 예나 지금이나 마찬가지다. 청년기 땐 가난한 학생 신분이어서 그랬고, 결혼 후엔 직업상 바빠서이다. 내심 타고난 팔자려니 여기지만 때로는 왜 이럴까 하는 생각이 든다. 결혼 후 지금껏 직업이 있는 주부로서 몇십 년을 공주에서 대전으로 출퇴근을 한다. 비록 먼 곳은 아니지만, 예나 지금이나 객지 밥을 먹는 셈이다. 하지만 성장기를 보낸 곳과 그리 멀지 않으니 대전도 고향처럼 따스하게 느껴진다.

평소 명심보감을 끼고 사는 누군가는 내게 이렇게 말했다. 내 이름 한자 풀이를 하며 나에게 밝게 빛나는 별이라고 했다. 별은 어둠이 내려야 떠오르니 나는 어둠을 밝히는 별이라는 것이다. 직업상 날마다 밤하늘을 보며 퇴근을 하니 나는 아무래도 내 이름값을 톡톡히 하려나 보다. 밝은 '명'에 빛날 '희'란 내 이름 한자 뜻처럼 나는 정녕 밤에 뜨는 고독한 별인 것일까.

오늘도 나는 밤하늘의 별을 보며 퇴근길을 서두른다. 이처럼 신선한 밤공기에 흠뻑 취하면 언제나 내 안의 깊숙이 자리한 쪽방촌과 튀김집이 정겹게 떠오른다. 어둔 밤 집으로 가는 길엔 먼 옛날 자취방 주인아주머니의 모습이 별빛 되어 비추어준다. 늦은 밤 귀가하는 나를 보면 언제나 푸근한 음성으로 위로를 했었다. '학생 고생 끝에 낙이 있다'라며 격려를 아끼지 않으셨다. 그때의 어려움이 지금껏 가슴에 희망을 안고 살게 했다. 밤이 지나면 아침이 오고 아침이 오면 해가 또 떠오르듯 머지않아 그녀도 활기찬 모습으로 찾아올 것을 기대해본다. 젊어 고생은 사서도 한다는 옛말이 영 그르지 않음을 다시 확인하고프다.

인동초 여인

지난 9월 추석을 며칠 앞둔 어느 날 아침 요란스레 전화벨이 울렸다. 그 전화벨 소리의 주인공은 뜻밖에도 나의 여동생의 친구이자 초등학교 후배인 C였다. 그녀는 필리핀 마닐라에서 자신의 남편과 함께 수년째 한의원을 하고 있다. 그런데 추석 명절이 다가오니 고국이 그리워지는 게 마음 한켠이 허전해서 전화를 하였노라고 했다. 인동초처럼 언제나 씩씩하게만 생각해왔던 후배였는데 말이다.

나의 유년 시절 C는 앞마을에서 살았다. 그래서 서로 얼굴을 볼 기회가 없었다. 그러나 그녀의 가정환경이 남달랐기에 간혹 동네 사람들은 모이면 그녀를 향한 안타까움에서인지 그녀에 대한 이야기로 수군대곤 했었다. 일찍이 친어머니를 잃고 새어머니 밑에서 전래동화 속의 슬픈 소녀처럼 살아간다는 얘길 했던 것이다.

그런데 몇 해 전 우연히 나와 그녀와의 만남이 이루어졌다. 그동안은 동생을 통해 잘살고 있다는 그녀의 소식을 간간이 듣는 게 전부였는데. 강산이 변할 세월을 몇 번이나 넘고서야 만날 수 있었던 것은 공교롭게도 그녀의 친정집이 나의 가게 근처로 이사를 오면서부터다. 동생을 통해 서로의 소식을 늘 접하고 있어서인지 우리는 첫 만남부터 자주 만난 사이처럼 자연스러웠다.

그때부터 C와 나는 각별한 사이가 되었다. 그처럼 그녀와 내가 쉽사리 친근감을 갖게 된 데에는 서로 일찍이 독립해 살아온 환경이 비슷해서인지도 모르겠다. 후배의 강한 정신력을 그녀의 자식들도 본받았는지 필리핀에 국적을 둔 그 두 아들이 작년에 이어 올해도 대한민국의 군에 씩씩하게 입대했다고 한다. 그래서인지 그녀는 작년부터 일 년에 서너 번은 한국에 오곤 하는데 고국에 도착하면 나에게 자신의 귀국 소식을 알려온다. 그러면 나는 이튿날 그녀가 좋아하는 음식을 가게로 싸 들고 와 호출을 한다. 그렇게 우리는 만나 그녀의 가슴속에 묻혀있던 수많은 사연들을 끄집어내 이야기꽃을 피우곤 했다.

그녀는 새어머니와의 고된 삶 속에서 어렵사리 초등교육을 마친 후 독립해 성남의 모 산업체 학교에 입학해 중학교 졸업을 했다고 한다. 그 얼마 후 운명처럼 지금의 남편을 만났는데 서울에서 모 대학을 나온 수재라니 부부의 연을 맺기까지 후배의 고초가 얼마나 컸을지 짐작이 간다. 그래서 한때는 헤어지려고도 했다고 한다. 그러자 예비신랑은 후배의 보호자를 자처하며 그녀를 고등학교에 입학시켰다니 그 얼마나 감동스런 일인가. 고등학교 졸업장이라도 있어야 부모님을 설득하는데 명분이 서지 않겠느냐고 했다는 것이다. 그 덕분에 자신의 나이보다 대여섯 살이나 어린 친구들을 고교 동창생으로 둬 이제는 젊어지는 기분이라며 후배는 얼굴에 웃음까지 띠는 여유를 보인다.

고교 졸업 후 후배는 예비신랑을 따라 그의 부모님을 뵙게 되었는데 특히 그 아버지의 반대가 무척 심했다고 했다. 그의 아버지는 노골적으로 그녀의 면전에 대고 인신공격까지 했다니 홀로 그 고통을 감당하느라 얼마나 힘들었을지 마음이 짠했다. 그러나 그의 어머니는 처음에 탐탁치않게 생각했던 것과는 달리 서서히 그녀를 따뜻하게 감싸주며 그 아버지의 반대에도 불구하고 대갓집의 맏며느리가 될 수 있도록 끝까지 마음을 써주셨다고 한다. 자식 이기는 부모는 없다지만 시어머니가 된 그 여인은 아마도 마음이 퍽 너그러웠나 보다. 그리고는 종종 유명 백화점에 데리고 다니면서 그녀에게 예쁜 옷가지며 구두를 사주어서 그땐 마치 자신이 유리구두를 신은 신데렐라 같았다고 했다.

'지성이면 감천' 이라더니 그녀는 결혼생활 5년 만에 눈빛조차 전혀 주지 않았던 시아버지의 마음을 움직이는 데 성공했다고 한다. 아들 둘 건강하게 낳아 잘 키워가며 한결같은 마음으로 효성을 다하니 마침내 며느리로 인정해 주었다고 했다. 그런데 그 기쁨을 만끽하기도 전에 시아버지가 세상을 뜨셨다니 후배의 마음이 얼마나 착잡했을까. 며느리 사랑은 시아버지라는데 말이다.

후배가 자신의 남편과 함께 필리핀에서 한의원을 개업하기까지는 남편의 정계 진출의 꿈이 두 번씩이나 무산되면서부터라고 했다. 위기를 기회로 삼고자 한 돌파구였다고 한다. 서울 시댁의 근교인 경기도 부근에서 평생 몸 담고자 지은 수백 평의 정원 딸린 저택을 하루아침에 날리고 재기를 위해 선택한 곳이 필리핀이었다고 했다. 필리핀에 가기 전 후배는 모 대학의 학위는 물론 뜸과 침술 공부를 하고, 그녀의 남편은 중의사 자격증을 취득해 서로 자격요건을 충분히 갖추었다고 한다. 그 시점부터가 그녀가 시집 식구들에게 자신의 능력을 제대로 인정받게 된 계기가 되었다고 했다.

쫓기듯 정착한 낯선 이국땅에서의 삶은 처음엔 혹독하기만 했는데 지금은 자리가 잡혀서 아예 그곳에서 눌러있고 싶을 정도라고 한다. 그런데 그녀의 두 아들은 제대 후 고국에 남아 한국인으로서의 자긍심을 갖고 자신의 꿈을 마음껏 펼치겠다고 했다니 이만하면 자식 농사 또한 성공적으로 해낸 보람 있는 삶이지 않은가. 요즘 부쩍 기온이 내려가 출근길 옷깃을 여미게 하는데 문득 이역만리에 사는 그 후배의 모습이 떠오른다. 그녀의 모습을 떠올리면 늘 매서운 한파 속에서도 꿋꿋하게 살아가는 한 떨기 인동초가 생각난다.

이프로

나는 탄산음료를 좋아하지 않는다. 그러나 이온 음료 중 이프로는 즐겨 마신다. 밋밋한 맛과는 달리 왠지 내 몸의 부족한 부분을 채워줄 것 같아서다. 그런데 그 이온 음료를 접하면 문득 떠오르는 단골손님이 있다. 계룡산 기슭에 거주지를 둔 의좋은 삼형제로 어쩌면 그들이 주는 순수함 때문인지도 모르겠다.

지난해 초복을 며칠 앞둔 어느 날 삼형제 중 맏형이 내 가게 출입문을 들어섰다. 머리칼이 귀밑까지 내려와 얼마나 더웠던지 머리칼을 짤막하게 잘라 달라고 했다. 땀을 뻘뻘 흘리기에 시원한 보리차를 유리컵 가득 따라주었더니 단숨에 마시는 거였다. 갈증이 좀 가셨던지, 몇 번이나 고개를 숙이며 감사의 인사를 했다.

그 고객은 내 가게 단골손님으로 동학사 부근에 거주지를 둔 의좋은 삼형제 중 맏형이다. 그런데 그들은 안타깝게도 모두가 이프로

부족한 상태다. 그래서인지 하나같이 미혼이다. 그나마 가장 세상 이치에 밝은 이가 둘째로 집안 살림을 도맡아 한다고 했다. 이따금 오는 막내와는 달리 두 형제는 한 달이 멀다고 내 가게를 찾아온다.

평생 계룡산 기슭에서 자연과 더불어 사는 그들 삼형제 중 둘째는 얼마 전만 해도 산비탈을 오르내리며 능이버섯을 재취해 생활비에 보탰다고 한다. 그러나 젊은 날 막노동으로 몸을 혹사시켜서인지 지금은 관절염으로 병원을 들락거린다. 하지만 매년 동학사 벚꽃제가 되면 거금을 만져 볼 수 있다며 싱글벙글이다. 벚꽃이 만발하는 사월이면 삼형제가 엿장수를 하는데 제법 수입이 짭짤하다고 한다. 올해도 일 년 먹을 양식은 충분히 비축해 놓았다며 천진스레 웃음꽃을 활짝 피우는 것이었다.

몇 년 전엔 그들에게도 연로하신 홀어머니가 계셨다. 그러나 노환으로 몸이 안 좋아 머리 손질을 할 땐 꼭 그 둘째 아들이 부축하여 가게에 모시고 왔었다. 거동이 불편하니 올 때마다 머리칼을 짤막하게 자르곤 했다. 옛말에 가방끈 짧은 자식이 효도한다고 했듯 그 말이 그르지 않는 것 같았다.

그들 주변 사람들에 의하면 삼형제는 동학사 근처에서 허름한 집을 얻어 살고 있다고 한다. 철 따라 삼형제가 합심하여 텃밭에 손수 채소를 심어 찬거리를 자급자족한단다. 이따금 맏형이 막노동을 해 생활비로 보태곤 한다니 그것이 그들 나름은 최선의 방법인 듯했다.

기초연금이 나오지 않느냐는 나의 물음에 예전엔 나왔는데 지금은 해당자가 아니라고 한다. 아마도 몇 해 전 어머니가 돌아가셔서 어머니 몫으로 나오던 기초연금이 끊어진 것 같았다.

자신이 우둔한지도 모르고 남에게 답답하다고 말하는 이들이 바로 그 삼형제들이다. 그러니 나는 그들이 나누는 대화에 별다른 언급 없이 간간이 미소를 던질 뿐이다. 그러나 그렇듯 이프로가 부족한 듯한 사람들이라고 해서 생각이 없는 것으로 보아서는 안 된다. 그들의 대화를 들으면서 어리석은 자가 현인을 가르친다는 옛말을 생각하게 된다.

몇 해 전 동생을 따라 형이 처음 내 가게에 온 동기는 다른 업소에서 손질한 머리 스타일이 자신의 마음에 들지 않아서였다는 것이었다. 그때 맏형의 머리 스타일은 짧은 스포츠형이었는데 거울 앞에 앉아 있으니 들쑥날쑥 했다. 그러나 그런대로 보기 흉하진 않았는데 고르지 않은 머리칼이 신경 쓰인다며 다시 손질해 달라는 것이었다. 그러니 그날 커트 값이 배로 든 것이다. 개성을 살리고 싶은 주관은 누구에게나 있음을 느끼게 아는 일이었다.

그때부터 한결같이 그의 형도 내 가게를 찾아온다. 사시사철 언제나 짧은 스포츠형으로 머리 손질을 한다. 이따금 나의 가게 문이 닫혀 다시 방문하는 날이면 교통비가 두 배로 들었노라고 너스레를 떤다. 그럴 땐 나는 슬그머니 거스름돈에 은닢 한 장 더 보태어 준다.

그러면 어린아이처럼 좋아라한다. 그렇듯 맑고 순수한 이들이 내 가게를 찾아오기에 내 마음도 덩달아 넉넉해 지지 싶다.

삶은 그 누구에게나 스트레스라고 하지 않던가. 그러나 나에겐 이런저런 이들의 순수한 삶을 엿볼 수 있는 기회가 주어지기에 감사할 뿐이다. 어쩌면 다른 이들의 삶의 편린을 통해서 피로한 내 마음을 맑게 다스릴 수 있기 때문일 것이다. 그들이 다녀간 지 얼마 되지도 않았는데 벌써부터 기다려진다. 갈증이 날 땐 이프로의 음료가 간절해지듯이 삶이 팍팍하다고 느껴질 때 더욱 그들 생각이 난다. 그것은 아마도 간간이 내 안의 긴장을 슬그머니 풀어주는 그들의 천진함 때문이 아닐까 싶다.

어떤 해후

내 가게 단골손님 중에 언변술이 뛰어난 한 할머니가 있다. 70대 초반으로 건강이 썩 좋지는 않지만, 바깥출입엔 전혀 지장이 없으시다. 젊은 날 고생을 많이 해서인지 원래 나이 보다 서너 살은 더 들어 보이지만 말씀만은 청산유수다. 같은 말이라도 어쩌면 그리도 감칠맛 나게 말을 잘하시는지 함께 있으면 시간 가는 줄을 모른다.

얼마 전 그 할머니가 파마를 하러 오셨다. 머리를 말고 소파에 앉아 기다리는 내내 할머니는 가을철만큼이나 풍성한 이야기보따리를 풀어 놓기 시작했다. 죽은 줄만 알았던 할아버지가 30년 만에 찾아왔다며 세상에 이런 일이 다 있느냐고 반문하듯 내게 묻는 것이었다. 젊은 날 할아버지의 부재로 얼마나 마음고생이 많았던지 그때를 생각하면 잠을 이룰 수 없다며 할아버지를 보고 사는 게 고통이라고 했다. 그래서 의식주도 따로 해결한다니 한 지붕 두 가족인 셈이다.

할머니는 슬하에 3남매를 두었지만, 시집 조카딸을 당신 호적에 올리며 평생을 4남매의 어머니로 살고 있다고 한다. 말솜씨에 마음씨까지 일품인 할머니는 할아버지에게 시집오자마자 천애 고아가 된 시집 조카딸을 당신 딸로 받아들인 것이다. 그런데 할아버지가 딴 살림을 차렸다니 얼마나 기막혔을까.

젊은 날 할아버지는 잘나가는 건설업에 종사했단다. 직업상 가족과 떨어져 사는 날이 많아지며 할아버지가 바람이 났다고 한다. 집을 찾는 횟수가 점점 줄어들어 수소문해 남편을 찾아가 보니 다른 여자와 꿈같은 세월을 보내고 있더란다. 그래서 할머니는 그 여자에게 무릎 꿇고 빌었단다. 내 남편은 자식이 줄줄이 딸린 가장이니 제발 가족의 품으로 돌려보내 달라고 말이다. 그런데 철면피처럼 오히려 그 여자만을 감싸며 매몰차게 돌아섰던 남편이 씁쓸하게도 노숙자 신세가 되어 나타나셨단다.

유난히도 더웠던 지난 8월 한가위 때의 일이라고 한다. 휴양차 한적한 시골에서 홀로 사는 할머니는 그날은 명절 전날이라 자식들을 기다리고 있는데 낯선 할아버지가 나타나 사람을 찾으러 왔노라고 했단다. 측은하게도 어찌나 땀을 많이 흘리던지 할머니는 "여긴 그런 사람 없으니 시원한 물이나 한잔 하고 가시유"라며 유리컵 가득 물을 따라 주었단다. 그리고는 우리 애들 곧 올 텐데 할아버지가 여기 계시면 자식들이 어떻게 생각하겠느냐며 떠밀듯 내보냈단다.

그런데 얼마 후 또 그 할아버지가 찾아 왔단다. 그래서 왜 자꾸 남의 집에 오느냐고 퉁명스레 쏴부쳤더니 "나야"라고 하더란다. 순간 할머니는 놀라서 "누군데 날 보고 반말하는 거유?"라고 했더니 "나라니까"라며 할머니 이름을 또박또박 대더란다. 30년 전 할머니를 마치 헌신짝처럼 버리고 떠났던, 당당했던 남편의 모습은 간 곳이 없더란다. 한없이 초라한 행색이 그간의 고초를 능히 짐작케 해 줄 뿐이었다고 했다.

한국 속담에 착한 끝은 있어도 악한 끝은 없다는 말이 있다. 착하게 살면 나중에 잘 되지만 악하게 산 사람에겐 희망이 없다는 뜻일 것이다. 그러나 요즘은 빨라져서 착하게 살면 본인이 복을 받고 그 뒤를 자식이 이어받지만 악하게 살면 본인이 벌을 받는다니 그 할아버지를 두고 하는 말인지도 모르겠다.

할머니의 고백에 의하면 젊은 시절 돈 있고 건강할 때 함께 했던 내연녀는 할아버지가 나이 들어 몸이 쇠약해지고 가세가 기울자 도망쳐버렸단다. 그래서 그때부터 노숙자 생활을 하게 되었는데 할아버지가 머물던 지역 복지기관에서 요양원에 인도하는 과정에서 할머니의 주소지를 알게 된 거란다. 수십 년 전 할아버지와 부부의 연을 맺고 3남매를 두었지만 30년이란 세월의 강이 너무나 길었던 까닭일까, 서로 알아보지 못했다니 얼마나 기막힌 일인가.

수십 년 만에 할아버지를 만나 첫날밤을 보내던 날, 할머니는 억울함에 대성통곡을 했단다. 젊은 날 독수공방하게 해놓고 다 늙어서 왜 날 찾아 왔느냐며 당장 나가라고 고래고래 소리쳤단다. 온갖 폭언을 다 퍼부었단다. 그 어떤 푸념에도 꼼짝 않고 쭈그려 앉아 용서만을 빌고 또 빌었다는 할아버지, 세상에 그보다 더 비참한 말로가 어디 있겠는가.

할머니는 몇 년 전 혈압으로 쓰러져 외견상 손놀림이 다소 부자연스럽지만 거의 완쾌된 상태다. 얼마나 할아버지를 향한 배신감이 컸으면 쓰레기 같으면 할아버지를 밖에 내다 버리겠다고 했을까. 할머니는 그날 내게 마치 모노드라마를 펼치듯 가슴 깊이 묻어 두었던 사연들을 입담 좋게 들려주었지만, 그 심정은 오죽했을까. 남의 속도 모르고 이따금 마을회관에 가면 동네 사람들이 늘그막에 등이라도 긁어줄 영감이 나타났으니 축하주를 내라는 성화가 이만저만이 아니라면서 너스레를 떠신다. 그래도 내연녀 사이에 자식이 생기지 않은 걸 큰 위안으로 삼으려는 듯, 나직한 음성으로 "자식은 없다"라고 하는 것이었다.

평생 할아버지를 용서할 수는 없지만 그래도 세상에서 가장 소중한 당신 자식들의 아버지니만큼 내칠 수가 없단다. 그러면서도 간간이 미소를 머금고 할아버지와의 일상을 오목조목 털어놓는 걸 보면 할머니는 분명 할아버지를 향한 복수의 기회를 은근히 즐기는 듯하다.

금옥이와 복실이

복실이가 아버님을 따라 소풍을 갔다. 아버님이 녀석과의 점심으로 주먹밥을 싸들고 동구 밖 야산을 오른 것이다. 그런데 복실이는 소풍을 갔던 그날 어디론가 사라진 이후 돌아오지 않는다. 먹성이 좋아 무엇이든 마다하지 않던 먹보인 녀석이 덩그러니 빈 밥그릇만 남겨 놓은 채 어디론지 홀쩍 사라진 것이다. 가족들은 이마에 땀방울이 맺히도록 온 동네를 찾아 나섰다. 녀석이 돌아오지 않은 그날 저녁 나는 밥도 먹지 못하고 밤잠까지 설쳐야만 했다.

복실이는 우리 집에서 키우는 멍멍이로 그 생김새가 복스럽게 생겼다고 해서 붙여진 이름이다. 녀석이 우리 가족의 일원이 되기까지는 친정집에서 가져온 강아지가 원인 모를 병으로 갑작스레 세상을 뜨면서부터다. 그 허전함을 달래고자 수소문한 결과 이웃 마을에서 녀석을 쏙 빼닮은 강아지를 웃돈까지 얹어주며 사 온 것이다.

친정 나들이를 한 어느 날이었다. 어머니는 집에서 키우는 멍멍이가 새끼를 낳았다며 내 품에 예쁜 강아지 한 마리를 안겨 주었다. 예방접종까지 했으니 잘 키우라면서 말이다. 녀석은 어찌나 씩씩하고 영특하던지 가족들의 사랑을 듬뿍 받았다. 나의 아이들이 태어나기 전이니 우리 집의 재롱둥이가 되었던 것이다.

그러던 어느 날 아침 꼬리치며 달려들어야 할 녀석이 보이지 않았다. 아직 사랑 땜도 못 했는데 눈에 띄지 않으니 눈앞이 캄캄했다. 집 안팎을 둘러보았으나 그 어디에도 없었다. 그런데 뜻밖에도 녀석은 제집에서 꼼짝 않고 자리보존을 하고 있었다. 생기를 잃은 채 축 처져 있었다. 한축이 나서 벌벌 떨기까지 하고 있었다. 아버님은 강아지를 마치 어린아이 다루듯 푹신한 담요를 덮어 따뜻한 아랫목에 눕혔다. 하루 종일 몸을 추스르지 못하자 동네 약방에서 약을 사다 먹이는 등 정성을 들이더니 내게 미음까지 끓이라고 했다.

그런데 이튿날 녀석은 애석하게도 다시는 오지 못할 먼 길을 떠났다. 아버님의 정성스러운 보살핌에도 불구하고 끝내 숨을 거둔 것이다. 그러나 그 빈자리를 복실이가 채워 주었다. 언제나 나의 출근길을 따뜻한 눈빛으로 배웅해주고 늦은 밤 퇴근길을 누구보다 반겨주는 것도 녀석의 몫이었다. 그렇게 복실이는 가족들에게는 물론 이웃 어르신들에게까지 남다른 정을 느끼게 해주었다.

아버님은 녀석을 데리고 종종 집 근처의 산을 오르셨다. 철 따라

고사리를 꺾는 등 삭정이도 해 오셨다. 언제나 녀석을 대동하고 손수 먹거리와 땔감을 찾아 나섰던 것이다. 아버님과 복실이는 빛과 그림자 같은 존재였다. 새벽녘 잠자리에서 깨어나 큰 가마솥에 군불을 지필 때에도 녀석은 아버님 곁을 꼬박 지킬 정도였다.

그래서 누군가도 말이 통하지 않는 사람보다는 마음을 알아주는 애완동물과 동반하는 게 낫다고 했는가 보다. 아버님은 비릿한 생선이 밥상에 오를 때마다 내게 한 토막씩 남겨 놓으라고 했다. 녀석도 우리 식구라면서 항상 챙기셨다. 매 끼니 때마다 잘 거둬서일까. 녀석의 몸집은 무척이나 탐스러웠다. 통통하게 살이 오르고 윤기가 돌았다. 낯가림조차 하지 않으니 보는 이마다 귀여워하곤 했다.

이제는 볼 수 없는 복실이를 생각하며 문득 금옥이가 떠올랐다. 그녀는 나의 가게 손님으로 잊을 만하면 얼굴을 내밀던 순박한 시골 처녀였다. 그런데 웬일인지 한해가 지나도록 오지 않았다. 그러던 어느 날 그녀가 가게 출입문을 슬그머니 밀고 들어섰다. 다소곳이 자신의 차례가 되어도 한사코 다른 손님에게 양보만 했다. 그렇게 되풀이해서 양보를 하더니 자신만이 홀로 남게 되자 갑자기 울먹이기 시작했다. 몇 달 전 결혼을 했는데 가출했다면서 말이다.

자초지종은 이랬다. 친언니의 중매로 자영업을 하는 남자와 초고속으로 결혼을 했다는 것이다. 그런데 생활비도 제대로 주지 않고 손찌검까지 해 신랑과의 결혼생활은 악몽 같았다고 했다. 그래서 도망 나올 결심을 하고 얼마 동안 반찬값을 아끼며 교통비를 마련했단다. 그리고 신랑이 자리를 비운 사이 어렵사리 탈출했노라고 했다. 그러면서 내게 자신을 도와 달라고 하는 게 아닌가. 영업시간이 끝났는데도 가지 않고 나의 가게 안 쪽방에 머물게 해달라고 마구 졸라댔다. 순간 난감했다. 그러나 결국 그녀의 친정집 주소와 전화번호를 내게 알려주는 조건으로 쪽방을 내주었다. 그날부터 그녀는 자연스레 가게 종업원이 된 것이다.

나의 출근길엔 예전에 없던 반찬들이 동행했다. 그녀도 나의 온정에 보답을 하려는 듯 새로운 삶에 잘 적응해 가는 듯했다. 어둡던 표정이 다소 밝아지기 시작했다. 쪽방에 입주 전 그녀가 연락처 주길 꺼려해 나는 그녀의 거처에 대해 비밀보장을 약속했었다. 하지만 소식 끊긴 자식 생각에 가슴 태울 그녀의 부모님을 외면할 순 없었다. 그래서 어느 날 퇴근해 그녀의 집에 조심스레 전화를 했다. 내 신원을 밝힌 후 그녀의 처한 상황을 말씀드리고 잘 데리고 있다고 안심시켰다. 그리고는 곧 타일러 보낼 터이니 좀 기다려달라는 말도 잊지 않았다.

그녀와 함께 한지 십 여일 이 지났을 때일까. 휴일을 맞은 어느 날이다. 그녀가 다급한 목소리로 내게 전화를 걸어 왔다. 결혼 전 다녔던 교회에서 주일예배를 보고 오다가 신랑에게 붙잡혔다는 것이다. 그러면서 가게 열쇠를 옆집에 맡기겠다고 했다. 어떻게 되었을까.

궁금증에 그녀의 친정집에 몇 번이나 연락을 취해봤다. 그러나 웬일인지 통화가 잘되지 않았다. 그리고 얼마의 세월이 지나자 그 일은 점차 잊혀져 갔다. 그러던 차에 복실이가 마치 금옥이처럼 내 곁을 떠난 것이다. 객이 없는 가게 안 쪽방이 지금은 내 삶의 쉼터가 되어 어둠을 밝혀준다. 바람처럼 그녀와 복실이는 사라졌지만, 그 자취만은 내 가슴 속에 남아 지워지지 않는다.

쌍둥이 총각

얼마 전에 K총각은 내 가게에 와서 흰머리칼을 까맣게 염색을 했다. 벌써 몇 년째이다. 그는 고교 시절부터 내 단골손님이 되어 이제 벌써 사십 대 후반이 되었으니 몇 십년지기 인연인 것이다. 뽀얀 피부에 나이보다 한참은 앳되어 보이지만 언제부턴가 흰머리칼이 생겨나서 염색을 하기 시작한 것이다. 아직 미혼인데 머리가 희끗거리는 것이 신경이 쓰였던지 언제부턴가 자연스레 염색을 하게 되었다.

K총각은 일란성 쌍둥이 중에서 자기가 형이라고 했다. 활발한 성격의 동생과는 달리 그는 말수가 적다. 일상적인 대화 외에는 집안 이야기 등을 일절 하지 않는다. 그러나 이따금 오는 동생은 서슴없이 자기 이야기를 잘한다. 그래서 그들의 아픈 가족사에 관해서도 동생을 통해 알게 된 것이다.

K총각에겐 위로 출가한 누나가 하나 있어 모두 삼남매라고 한다.

그런데 가장인 아버지는 그들이 어릴 적 딴 살림을 차렸단다. 그래서 늘 어머니가 가장의 역할까지 도맡아 했다며, 자신이 혼기를 놓친 것도 어쩌면 아버지 때문인지도 모른다고 했다. 아마도 부성을 향한 불신감이 제 짝을 찾는 일에 게을리하는 게 아닌가 싶다.

1970년대 대중가요 중 《단골손님》이라는 노래가 있다. 그 노랫말은 생각만으로도 언제나 마음이 푸근해진다. 노래 제목만 들어도 문득 K총각이 떠오르는 건 아마도 내 가게를 오랫동안 찾아오는 단골고객이기 때문인지도 모른다. 청소년의 힘찬 머릿결에서부터 이제 희어지는 머리를 염색하기에까지 이르니 그는 단골손님을 넘어서 가족 같은 편안함을 느끼게 해준다.

고교 시절 K총각은 내 가게에 올 때마다 언제나 친구들과 몰려왔다. 늘 혼자 내 가게를 찾는 동생과는 달리 형은 항상 서너 명씩 떼 지어왔다. 수줍은 듯한 외모와는 달리 형은 학창시절 내내 친구들을 달고 다녔다. 그래서 어느 날 나는 혼자 머리 손질을 하러 온 동생에게 넌지시 물어보았다. 형은 친구들과 항시 어울려 다니는데 왜 혼자 오느냐고 말이다. 그런데 동생은 마치 내 물음을 기다렸다는 듯이 씩씩하게 형 친구들과 같이 놀 수 없어서라고 했다. 불과 몇 분 늦게 태어나 동생이 되었지만 그래도 명색이 형인데 그 정도 예우는 해줘야 되지 않느냐는 것이었다.

지금에 와 생각해 보니 그때의 쌍둥이 형제의 마음을 어느 정도는 읽을 수 있을 것 같다. 아마도 동생은 아버지의 부재로 형을 향한 마음이 남달랐지 싶다. 그러나 형은 맏이로서의 부담감에 친구들과의 관계를 더 활발히 했던 것이 아닐까. 자신이 처한 환경 속의 우울함을 밖에서나마 해소하고자 말이다. 몇 해 전 내 가게를 찾은 동생은 자신이 군에 입대할 때에도 형이 보호자를 자처했다며 자랑스레 이야기보따리를 풀어 놓았었다. 그래서 우리 속담에도 형만한 아우 없다고 하였을까.

중국 철학자 장자는 이렇게 말한다. '형제는 수족과 같고 부부는 의복과 같다.' 라고. 의복은 다른 옷으로 바꾸어 입을 수 있어도 수족은 한번 없어지면 다시 붙일 수 없다.' 라고 했다. 그 말이 더 공감이 가는 것은 어쩌면 쌍둥이 총각의 가족사를 알고 있기 때문인지도 모르겠다. 비록 그의 아버지는 일찍이 옷을 바꾸어 입었지만, 그들 형제만은 언제나 수족처럼 서로를 배려해주며 살고 있으니 남의 아들들이라도 보기에 참 좋다.

직장생활을 하는 동생은 항상 말끔한 차림새로 내 가게를 찾는다. 그러나 형은 인테리어업을 하고 있어서인지 언제나 작업복 차림으로 온다 그렇듯 형은 꾸밈없이 다니지만, 외향과는 달리 속마음은 도통 보이지 않는다. 염색을 하고 부터는 가게 머무는 시간이 길어져 나와 대화를 하곤 하는데 주로 스포츠와 정치에 관해서만 이야기를 할 뿐이다. 내가 텔레비전으로 스포츠경기와 뉴스 보길 즐기다

보니 자연스레 대화의 물꼬가 트인 것이다. K총각은 내가 자신이 즐겨보는 프로를 본다며 신세대 같다고 듣기 좋은 덕담처럼 건넨다.

어느새 내가 미용업에 몸을 담은 지도 강산을 몇 번이나 넘긴 세월이 지났다. 이제는 비슷한 시기에 개업한 또래 업주들이 하나, 둘 정리를 하는 것을 보게 된다. 그래서 나도 언제부턴가 자유인을 꿈꾸고 있는데 K총각은 이따금 내게 언제쯤 가게를 확장할 생각이냐고 묻곤 한다. 그 물음이 오히려 격려의 메시지로 들리는 건 젊은이와의 교류 속에서 나도 덩달아 젊어져서인가 보다.

비자금의 행복

그날도 아주머니는 비에 젖은 외투차림으로 내 가게에 들어섰다. 농토가 많아 일에 묻혀 사느라 궂은 날 파마를 하러 온 것이다. 칠십 대 후반의 아주머니는 허리가 굽어 언제나 유모차를 끌고 온다. 우산을 쓰고도 그렇게 몇 십리 길을 유모차를 밀고 오느라 비에 흠뻑 젖는 것이다. 오일장마다 몇십 년을 한결같이 장터 길에 자판을 펴 오신 그분은 내 가게 오랜 단골손님이다.

그분 부부는 슬하에 오남매를 두었다고 한다. 오남매를 일찌감치 여우살이 시키고 큰집에 둘만이 산단다. 일찍이 토지 일부는 신도시로 개발이 되었지만, 나머지 농토와 주거지는 2차 개발지란다. 부부는 평생을 흙에 묻혀 살며 장날이면 농작물을 내다 판다고 한다. 경제권이 없는 아주머니는 오래전부터 장날마다 비자금을 모으기 시작했단다. 내심 목표액을 달성하기까지는 무척 행복했다고 한다. 비자금이 모아지는 내내 일상의 힘겨움도 모른 채 살았다는 것이었다.

아주머니는 그렇게 5일에 한 번씩 열리는 장터를 꼬박꼬박 지키며 힘든 줄도 모르고 비자금을 모으셨단다. 티끌 모아 태산이라더니 아주머니의 비자금은 몇 년 만에 천만 원의 목표액을 이루었다고 한다. 그런데 지폐가 모두 만 원권이라 부피가 컸던 모양이다. 그래서 아주머니는 남편이 집을 비운 사이 아무도 모르게 돈다발을 숨겼단다. 날마다 당신이 이용하는 공간을 안성맞춤이라 여기고 신문지에 몇 겹이나 돌돌 말아 비밀 창고에 넣어 두었다고 한다.

그런데 비자금을 마련한 행복감도 잠시였고 바쁜 일상에 매여 그만 돈다발에 대한 생각을 까마득히 잊고 지냈단다. 그러다가 문득 비자금 생각이 들었는데 그만 그것을 숨겨둔 장소가 도무지 깜깜하셨단다. 밤잠을 설치고 입맛까지 가시도록 생각해 보아도 도무지 어디에 두었는지 찾을 수가 없었다고 한다. 몇 달을 속앓이하다 결국은 남편에게 고백을 했다니 비자금은 들통이 났고 비밀스런 행복도 끝이 난 것이었다.

이튿날 노부부는 일손을 멈추고 집안 수색작업에 돌입했단다. 마당 곳곳을 시작으로 장독대를 거쳐 장롱 속 구석구석을 다 뒤졌다니 집안이 아수라장이 되었을 게 뻔하다. 그렇게 며칠을 수선을 떨다가 냉동고를 열어보니 그 돈다발은 냉동실 깊숙이서 동태가 되어 있더란다. 그 많은 돈이 꽁꽁 얼어붙어 녹여서 말려야 했다니 힘은 들었겠지만, 아주 잃어버린 것은 아니어서 듣는 나도 안도의 한숨이 쉬어지는 것이었다.

나는 장날 오후, 한가한 시간이 되면 장터 길로 나서본다. 특별히 살 물건은 없어도 시장바닥을 휘이 둘러보곤 한다. 오일장은 내게 언제나 생동감을 주기 때문이다. 그러다 그 아주머니와 마주치면 그분은 무엇이든 내 손에 들려주려 한다. 그래서 나는 별로 필요치 않는 푸성귀라도 이따금 그 아주머니에게서 떨이를 해온다. 저물녘까지 노전을 지키는 아주머니의 시름을 다소나마 덜어 주고자 해서다.

내가 사는 곳은 계룡산 기슭으로 가게에서 그리 멀지 않는 한적한 시골이다. 그러니 철 따라 다양한 채소시장을 끼고 사는 셈이다. 그런 내 전원생활을 아는 까닭인지 아주머니는 내가 물건을 살 때마다 한사코 돈을 받지 않으려 한다. 그러나 나는 반드시 계산을 해서 응분의 값을 치러드려야 직성이 풀린다. 농작물 가꾸기가 힘들다는 걸 내 몸소 체험하기 때문이다.

한번 파마를 하면 다 풀어져야 내 가게를 찾는 아주머니는 언제나 머리칼이 목덜미까지 내려와서야 파마를 하러 온다. 날마다 일에 파묻혀 시간 가는 줄도 모른단다. 노부부는 늘상 흙에 살며 철 따라 씨앗을 뿌리고 거두는 게 평생의 일이었다. 한 달에 대여섯 번씩 오일장 장터 길을 지키는 것도 아주머니만의 행복일 것이다. 어떤 분야든 그것이 천직이라고 여겨져야 행복한 것이라면 아주머니는 누가 뭐래도 행복한 여인이다.

어느새 입춘이 지나고 설 명절 연휴도 끝났다. 그러나 이틀째 봄을 재촉하는 비는 그칠 줄 모른다. 비가 오면 언제나 그 아주머니가 생각난다. 설 명절 전 대목장을 보느라 미처 파마를 못 했다는 아주머니, 행여 비에 젖어 유모차를 밀고 내 가게를 들어서는 건 아닐지 오늘따라 자꾸만 출입문께로 시선이 간다. 가슴을 철렁이게 했다는 아주머니의 비자금 일화가 떠올라 슬그머니 웃음이 난다. 비자금으로 행복을 사겠는가? 비록 비자금은 남편에게 들켜버렸지만 언제나 건강한 몸으로 모두에게 정을 선사하는 행복한 아주머니가 언제까지나 오일장을 지키시길 바래본다.

친절한 정자씨

박정자라는 이름은 내겐 참 친숙하다. 젊은 날, 내가 다니던 조그만 회사 사장님 댁 가사도우미도 박정자이고 내 가게 고객 중 한 분의 존함도 박정자이시다. 그뿐만이 아니다. 어언 삼십삼 년 나의 출퇴근길에도 박정자 삼거리가 있으니 그 이름 석 자와 나와는 무슨 깊은 인연이 있는 듯하다.

이십 대적 나는 조그만 회사의 경리로 근무했다. 사택 사장님 댁엔 나보다 몇 살 아래 가사도우미인 정자씨가 살림을 도맡아 했는데 날마다 직원들 점심을 챙겨주었다. 사무실 직원 이래야 두세 명이지만 나름은 힘들었을 텐데 언제나 힘든 내색 없이 상냥했다. 어느 추운 겨울날의 매콤하고 담백했던 김치볶음밥은 지금도 생각하면 군침이 돈다. 그녀만의 무슨 비법이라도 있는지 그때의 김치볶음밥은 특별했다. 몇십 년이 지났건만 한 겨울날이면 아련히 그 김치볶음밥이 생각난다. 친절한 정자씨가 그리워진다.

지금은 그녀가 어디서 무엇을 하고 어떻게 사는지 알 수가 없다. 박정자 고객으로 인해 이따금 떠올릴 뿐이다. 앳되지만 억척스러웠던 그녀와는 달리 칠십 대로 나이는 드셨지만 맑고 순수하신 박정자 여사! 그 이름 석 자는 같지만, 확연히 다른 환경과 다른 성격의 박 여사는 원래 몸짱 할머니로 유명하시다. 그 유명세로 인해 텔레비전에도 여러 번 출연 했을 뿐더러 몇 해 전만 해도 내 가게 근처에서 박정자 만두집을 운영하셨다.

그런데 지금은 부군과 함께 강원도에서 사신다. 몇 해 전 공기 맑고 경치 좋은 산기슭에 별장을 지은 것이다. 말은 휴양차라고 하지만 서울에서 자제분들이 박정자 만두집을 몇 군데나 운영하고 있다니 박 여사는 분명 타고난 사업가이시다. 대전의 집엔 따님이 홀로 살고 있어 이따금 오신단다. 그때마다 잊지 않고 내 가게를 찾아 주시니 한없이 고마울 뿐이다. 따뜻한 마음 씀에 저절로 고개가 숙여진다.

지난주에도 박 여사는 내 가게에 오셔서 파마를 했다. 두어 달 전 파마를 할 때도 점심을 사주셨기에 이번엔 내가 점심을 대접하고자 냉면을 시켰다. 그런데 한사코 당신이 점심값을 지불 하는 것이었다. 어찌나 인정이 많으시던지 만두집을 운영하실 때에도 머리 손질을 하러 오는 날이면 어김없이 내게 줄 간식을 챙겨 오시곤 했다. 식사 때를 놓쳐 끼니를 대신하는 날이면 내겐 그 김치만두가 최고의 오찬이었다.

박 여사의 외모는 서구적이다. 강인해 보이는 인상과는 달리 마음결이 고울 뿐더러 배려심이 많으시다. 그분과 함께 있으면 내 곁에 맑은 시냇물이 흐르는 듯 편안하다. 오랜 세월 운동으로 다져진 몸매는 칠십 대 나이 듦을 무색케 한다. 지금껏 그처럼 매혹적인 몸매를 유지하고 있으니 '몸짱 할머니' 라는 호칭이 썩 어울리는 분이시다.

그때 그분을 떠올리며 '몸짱 할머니' 라는 시를 써보았다.

평생 해온 것은
운동과 만두 빚는 것뿐이란
그녀를 사람들은
몸짱 할머니라 한다.

오일장 장터길에
박정자 만두집을 열고
어느덧 유명해진
어느 방송프로에 주인공이 되어
촬영을 하던 날
몇 달치 머리손질을 몰아서 했는데……

나는 그때 그 시 한 편으로 박 여사에게 후한 대접을 받았다. 그것을 매개로 하여 서로의 마음을 알아주는 계기가 되었다.

한국 향토 문화 대전에 의하면 박정자는 공주시 반포면 온천리에 있는 동학사와 유성 또는 공암리로 향하는 삼거리 길목을 말한다. 그 박정자란 명칭은 18세기경 마을에 살던 밀양 박씨들이 많은 느티나무를 심은 데서 비롯되었는데 그중 행인들이 쉴만한 정자나무가 있어 붙여진 이름이라고 한다. 그 박정자는 현재 동학사 입구로 알려져 사람들의 발길이 끊이지 않는다. 그곳은 강산이 몇 번이나 변한 세월 동안 나의 출 퇴근길의 입구로 나를 늘 반갑게 맞아준다. 내 젊은 날의 정자씨는 볼 수 없지만, 박정자 삼거리에 이르면 마음이 편안해진다. 이제는 박 여사가 친절한 정자씨로 떠오르는 이유다.

소중한 인연들

내 가게는 착한가격업소이다. 몇 해 전 정부가 정한 지정기준 절차에 따라 착한가게로 선정되었다. 저렴한 가격으로 물가안정에 앞장섰다는 데 따른 것이다. 그래서 몇 년째 손님들에게 동일한 요금으로 서비스를 제공한다. 그럼에도 혹간 기존요금에서 가격할인을 요구하는 손님이 있다. 어떤 손님은 머리 손질 후 가격이 너무 싸다며 거스름돈을 놓고 가는데 때로는 깎아달라는 순 깍쟁이 손님이 있기도 하다.

세르반테스는 "내 주머니의 푼돈은 남의 주머니의 거금보다 낫다."고 말한다. 그래서 나는 여러 계층의 손님들에게 맞춤형 서비스 제공을 한다. 돈이 모자라면 모자라는 대로 손님 맞기에 최선을 다한다. 누구든 돈이 없을 땐 푼돈도 유용하게 쓰여지기 때문이다. 그런 인연으로 단골손님이 된 고객도 여럿인데 이제는 스스로 알아서 가격 인상을 해준다. 그래서 세상은 살만하다고 하는지도 모르겠다.

우리 가요 중 "사람 나고 돈 났지 돈 나고 사람 났냐"는 노랫말이 있듯 나는 평소 이해관계를 떠나서 순수하게 이어지는 인간관계를 중요시한다. 비록 내가 돈을 벌기 위해 가게 운영을 하지만 그보다는 사람 관계를 더 중하게 여기는 것이다. 머리 손질을 하는 동안은 편안한 휴식처가 되도록 마음을 쓴다. 어느 고객에게든 일거양득의 시간이 되었으면 해서다. 길거리의 돌도 인연이 있어야 찬다고 했듯이 뜨내기손님으로 행여 짧은 인연의 고객일지라도 나는 그분에게 최선을 다한다. 그렇듯 인연을 소중히 여겨온 마음가짐 때문인지 내 가게 주변에 최신형 아파트가 생기면서 새로운 고객이 늘어났다.

그러나 내 가게는 아주 오래된 건물에 자리하고 있다. 주위 최신식 업소와는 달리 작은 방이 딸린 옛날식 소박한 업소다. 몇십 년을 묵묵히 지켜온 내 삶의 터전이지만 오래되어서 최신식 업소에 비해 초라해 보이는 것은 어쩔 수 없다. 그래서 내 가게 주변에 새로운 건물이 들어설 때마다 무척이나 신경이 쓰였다. 경제도 안 좋은데 주위 최신식 업소가 늘어나며 손님들의 발길이 뜸했기 때문이다. 그런데 그즈음 내 가게가 착한가격업소로 선정되었다. 새로운 손님을 이끄는 경쟁력이 생긴 것이다. 지금껏 내 가게는 외견상 그다지 변한 게 없지만, 가게를 운영하며 열심히 살아왔던 내겐 많은 변화가 있었다. 만학도로서 못다 한 공부를 해 국문학도의 꿈을 이루었고 문학지에 시인으로 등단하여 문인도 되었다.

그 길목에서 날마다 여러 층의 손님을 접하는 내 삶이 가장 큰 축복이라 생각된다. 저절로 새로운 글감이 모아지는 내 가게가 곧 내 인생의 부요한 터전이 된 것이다. 우리 인생도 사계절과 같아 봄에 씨앗을 뿌려 가을에 거두듯 어느새 내 삶에도 수확을 해야 하는 가을이 왔다. 가는 세월 잡을 수 없지만, 추수를 할 준비로 분주하다. 어차피 인생은 쓰다가 마는 미완의 삶이지만 나름대로의 결산은 있어야 할 것 같다.

배움엔 끝이 없듯 얼마 전부터 내 가게 손님들 중 한 할머니는 팔순을 넘긴 나이에도 스마트폰을 들고 와 내게 문자공부를 한다. 할머니는 몇 해 전 서울에서 이사 온 팔십 대 초반의 고객인데 스마트폰이 얼마나 갖고 싶었던지 몇 달 전 자식들 모르게 샀다고 한다. 자식들이 사지 말라고 하는데도 서울에서 친구 따라 똑같은 모델을 구입했다는 것이었다. 그러나 나이 듦은 어쩔 수 없는지 이해력이 부족했다. 스마트폰을 전혀 사용하지 못하셨다. 행여 당신이 잘 못 다루어 요금폭탄을 맞을까 불안감에 휩싸여 몇 달 동안 가방 속에 넣어 두고만 다니셨단다.

그래서 나는 어느 날인가부터 한가한 시간을 이용해 그 할머니에게 스마트폰 사용하는 방법을 가르치기 시작했다. 폰이 최신형이라 처음엔 전화도 제대로 받지 못했는데 이제는 할머니 나름 폰을 잘 사용하신다. 당신 스스로 내 전화번호를 찾아 전화도 하고 문자도 보내신다. 할머니는 나이도 잊은 채, 하면 된다는 신념을 꿋꿋하게 보여주신다. 어쩌면 부모뻘이 될 그 할머니에게서 배움의 열정이 전이 된 건지 내 가게 몇몇 손님들도 간간이 스마트폰을 사 들고 온다. 나는 그 손님들이 배움을 요청할 때마다 최선을 다해 가르쳐드린다. 새로운 정보를 공유하고픈 고객관리 차원에서다.

서울 할머니도 내 가게에 처음 오셨을 땐 순 깍쟁이였다. 그런데 언제부턴가 마음이 후해지셨다. 스마트폰 때문에 나와 자주 접촉하며 정이 든 모양이다. 이따금 간식을 챙겨 오는 것도 잊지 않으신다. 얼마 전엔 머리 손질을 하러 와 내게 식사대접을 하겠노라고 했다. 당신에게 새로운 세상을 알게 해준 감사의 뜻이라는 것이었다. 그래서 나는 할머니에게 내 가게 고객으로 오시는 게 더 큰 선물이라고 했다. 오히려 나는 할머니에게 따끈한 건강 차를 대접하며 감사의 마음만을 받겠노라고 했다. 내 진심이 할머니에게 따뜻하게 전달되기를 바랜 덕분일까. 그날 집으로 향하시는 할머니의 발걸음이 무척이나 가벼워 보였다.

만남들

선한 인상의 할아버지가 내 가게 출입문을 밀고 들어섰다. 입가에 환한 미소를 머금고 덧버선을 팔아달라는 것이었다. 품목이 달랑 덧신뿐이니 선택의 여지가 없었다. 평소 신는 내 스타일의 덧신은 아니었지만 흔쾌이 구입했다. 해맑게 웃는 그 어르신의 얼굴이 그리하게 했다. 몸이 불편해 보였지만 혹여 마음 불편해하실까 싶어 그에 관해선 아무 소리도 하지 않았다.

예전 같으면 우리나라 장애 복지가 얼마나 잘 되어 있는데 그리 다니시느냐고 한마디 했을 터인데 웃는 얼굴에 침 못 뱉는다고 기분 좋게 물건을 샀다. 웃음이 보약이라 하지 않는가. 보약을 선물로 받았으니 나도 그 댓가를 치룬 것이다.

오랜 세월 미용실을 운영하다 보니 별의별 사람들을 다 만나게 된다. 역술인, 잡화류, 식품류 장사 등 그 종류도 다양하다. 물건은 필요하면 구입하면 그만이지만 역술인이 늘 문제였다. 복채와 속내를 털어놓아야 하는 부담감도 없지 않지만 들어서 기분 나쁜 소리는 듣고 싶지 않았기 때문이다. 그런데 어느 날 아침, 출근하자마자 미수의 나이를 넘긴 듯한 남성 역술인이 가게에 왔다. 자꾸만 사주를 보라는 것이었다. 평소에 그러했듯 그런 것 안 보고 열심히 살겠노라고 했다.

그런데 대뜸 내게 평생 열심히 살아보라고 하는 게 아닌가. 어안이 벙벙했다. 말이란 해석하기 나름이지만 그의 표정과 말투에서 쉽게 불쾌함을 엿볼 수 있었다. 갑자기 물벼락을 맞은 기분이었다. 수십 년간 가게를 운영하다 보니 당하는 건 그뿐만이 아니다. 어떤 땐 내게 돈 달라고 손을 내밀며 세상이 너무 불공평하다고 되레 큰소리를 치는 사람도 있다. 유행가 가사처럼 자신의 능력대로 살면 그만인 것을. 잘난 사람 잘난 대로 못난 사람 못난 대로 살면 되지 않는가.

아주 오래전의 일이다. 아침부터 한꺼번에 손님이 몰려와 점심 식사 때를 놓쳤다. 그래서 홀로 늦은 점심 식사를 하고 있는데 험악한 인상의 남성이 내 가게에 들어섰다. 무서움에 얼른 은닢 지폐 한 장을 건넸건만 예상 밖의 반응을 보였다. 그땐 그 돈이면 빵이나 우유로 간단히 요기는 할 수 있을 터인데 막무가내 내게 밥을 사달라는 것이었다.

누구는 밥 사 먹고 누군 빵 사 먹느냐며 마구 호통을 쳤다. 말문이 막혔다. 열심히 노력해서 먹고 살면 될 것을, 구걸하러 다니면서도 큰소리를 쳐대니 기가 막혔다. 참 나쁜 행동이었다. 대화가 안 되었다. 그의 출현으로 나의 점심 식사는 엉망이 되어버렸다. 밥을 먹다 말았는데도 배가 고프지 않았다. 그와의 언쟁은 단골손님의 방문으로 끝이 났지만, 한참 동안 정신이 혼미했다.

먹고 살기 좋아진 걸까. 요즘엔 그 같은 사람은 보기 힘들다. 그러나 역술인들은 여전하다. 며칠 전엔 아주 특별한 역술인이 왔었다. 내게 신용카드 크기의 무언가를 내보이며 지갑 속에 넣고 다니면 복이 들어온다고 했다. 행운의 신종 부적이라는 것이었다. 정중하게 거절했다. 나는 지니고 사는 게 너무 많아서 더는 필요 없다고 거듭 고개 숙여 사양했다.

나에겐 오랜 세월 함께한 부적 같은 마스코트가 있다. 사기로 된 인테리어 장식용 아기 돼지다. 앙증맞게도 내 손안에 쏙 들어온다. 1970년대 초 서울에서의 타향살이 시절부터 나와 함께 했다. 볼품은 없어도 내겐 보물로 손꼽힌다. 언제나 묵묵히 내 곁을 지켜준다. 주경야독 시절, 세간살이를 사면서 덤으로 받은 귀한 선물이다. 40년이 넘도록 희로애락을 함께 했으니 최장수 지킴이인 셈이다.

녀석은 황금돼지해를 맞아 내 가게 행운의 마스코트로 자리매김했다. 무료한 시간, 생각 속에서 먼 추억의 거리를 걷게 해준다. 누군가는 '사람은 가도 추억은 갈 수 없다', 고 말한다. 그래서 힘겨웠던 시절도 그리워하며 사는지 모르겠다. 녀석과 마주하는 것만도 큰 위로가 되니 더욱 그러하다. 나는 이따금 머릿속이 복잡해지면 녀석과 동행한다. 그러면 금세 기분이 상쾌해진다. 행복하게 살기 위한 나만의 치유법이다. 그렇듯 녀석은 내게 부적 같은 존재가 되어버렸다.

나는 일찍이 작명학과 풍수지리에 관심이 많았다. 제대로 배우고 싶었지만 바쁜 일상에 늘 마음뿐이었다. 그런데 몇 해 전 지인의 소개로 예쁜 이름짓기 강의를 듣게 되었다. 지역 내 학습 센터에서 딱 한 달간 무료 수강을 하게 된 것이다. 강의는 주 1회로 오전 10시부터 12시까지였다. 한 달 이래야 총 4번인데 손님에게 붙잡혀 강의를 빼먹은 날도 있었다. 그런 날이면 마음이 여간 불편한 게 아니었다. 가게 문을 닫아놓은 채 강의를 듣는 시간에도 마음이 불편한 것은 마찬가지였지만 지나고 보니 그 또한 좋은 추억으로 기억된다.

강사는 퇴직 전 초등학교 교사였다고 했다. 작명학은 자신의 관심 분야였다며 전직 교사답게 열강을 했다. 종강하는 날, 자신의 강의 몇 번 듣고 남의 이름 바꾸려고 하면 큰일 난다며 선무당이 사람 잡는다고 주의를 주었다. 예쁜 이름짓기 강의는 재미로 들어야 한다는 것이었다. 그때 그 강사가 들려주었던 어느 작명원의 이야기가 잊혀지지 않는다. 자신이 지어준 이름도 다시 찾아가면 나쁘다고 한다는 것이었다. 그것은 아마도 사람은 누구나 노력이 더 중요하다는 뜻일 것이리라.

그런 연유에설까. 나는 그 어떤 역술인에게든 의지할 생각을 하진 않는다. 여유가 있으면 어차피 나를 찾아온 사람이니 좋은 마음으로 차 한잔을 대접할 뿐이다. 어차피 좋은 이름을 짓는 것이든 부적을 간직하는 것이든 그것이 절대적으로 운명을 좌우한다기보다 자신의 마음과 노력이 가장 중요할 터이기 때문이다. 내가 간직하고 있는 마스코트도 그저 어려웠던 시절에 만난 친구처럼 그를 보면서 현재를 감사하며 살기 위한 내 마음의 지킴이로 여기기에 소중한 것일 뿐이다.

풍금 소리

서랍정리를 하다가 얼마 전 반송된 편지 한 통을 발견했다. 그 우편물의 주인공은 초등학교 6학년 때 나의 담임이었던 L선생님이었다. 문득 수십 년 전 선생님의 풍금소리를 들으며 교실 문을 나섰던 수줍던 소녀 시절이 떠올랐다. 풍금소리를 뒤로하고 언덕길을 따라 집으로 향하던 때가 못내 그리워진다.

선생님은 오르간 연주를 잘하셨다. 특히 방과 후 하굣길엔 고운 선율로 학생들을 배웅하곤 했는데, 나는 선생님의 그런 모습이 한없이 좋았다. 그래서 집에 갈 생각도 없이 교실에서 머뭇거리곤 했다. 복도에 나와서까지 오래도록 발길을 돌리지 못한 채, 그 음악 속에 흠뻑 빠져들곤 했었다.

졸업 후, 선생님과 만남이 시작된 지도 어느새 20년이 지났다. 초등학교 동창생이 나의 가게를 방문하면서 자연스레 선생님과의 재회가 이루어졌다. 친구는 선생님과 이미 연락을 취하고 있었다. 그래서 그때부터 동창들 몇이 뭉쳤다. 매년 스승의 날을 기해 선생님을 찾아뵙곤 했었다. 때로는 사모님이 외출 중이라 집을 비울 수 없다고 하면, 선생님의 집에서까지 저녁 식사파티를 하곤 했던 것이다.

그러던 어느 날 선생님께 내 속내를 담은 장문의 편지를 썼다. 그때 동무들과 풋풋했던 추억들을 맘껏 쏟아놓았다. 선생님이 들려준 풍금소리로 인해 나의 가슴이 마냥 뛰었던 순간도 함께 실어 보냈다. 그 며칠 후 선생님에게서 답장이 왔다. 제자들과 함께했던 지난 일들을 회상하는 등 그런 마음을 알았더라면 내게 특별석이라도 마련해주었을 것이라고도 했다. 그렇게 선생님과 나는 마치 그 시절로 돌아간 듯, 서신으로나마 이따금씩 사제의 정을 나누곤 했었다.

온화한 성품에 눈웃음이 가장 인상적이었던 선생님은 6학년 내내 채찍 대신 따뜻한 사랑으로 제자들을 감싸주었다. 그러니 선생님은 언제나 학생들에게 존경의 대상이었다. 탁월한 지도력으로 고학년 담임만을 여러 차례 맡아서인지 따르는 제자들도 많았던 것이다. 그러던 어느 날 동창생 몇이 선생님을 모시고, 대전의 중심지에 있는 모 식당에서 저녁 식사를 하게 되었다. 그런데 선생님이 얼굴에 미소를 띄우며 어떤 제자에 관한 이야기를 담담하게 털어놓았다.

대전에 거주지를 둔 선생님이 대중교통을 이용해 공주 모 초등학교에 출 퇴근을 할 때의 일이라고 했다. 그날도 선생님은 수업이 끝난 후 유성에서 집에 갈 버스를 기다리고 있었는데, 검은색 세단차가 선생님 앞에 멈추어 섰다고 했다. 이내 멋진 청년이 나타나 선생님에게 정중하게 인사를 하더니 "선생님 타시죠."라고 했단다. 그래서 선생님이 "누구신지?"라고는 조심스레 얼굴을 살피는데, 얼른 "저 H초등학교 몇 해 졸업생 아무개라고 합니다."라며 계면쩍게 웃더란다. 그런데 그는 놀랍게도 담임 시절 가장 말썽을 부렸던 개구쟁이로, 사회에 나가서는 우등생이 되었다며 무척이나 흐뭇해하셨다.

서양의 학자 B. S 라즈니시 의 어록에 의하면 '선생은 제자를 가르칠 수 있는 것만을 가르치지, 거느리지 못한다.' 고 했다. 그런데 그 선생님은 예외였다. 부드러우면서도 남다른 통솔력으로 제자들을 거느리고 있었다. 십여 년 전 선생님이 내게 보내온 서신에서도 엿볼 수가 있다. 퇴임 후 밭농사 일을 하느라 답장이 늦어 미안하다며, 편지 말미에 "용서해, 안녕"이라고 했다. 그 순수함과 소년 같은 열정이 제자들의 마음을 움직이고 있는 게 아닌가 싶다.

20년 전, 모 여성 잡지책을 읽던 중 시 공모전 이란 글귀가 내 시선을 사로잡았다. 그때 응모한 내 졸작이 뜻밖에도 입상을 하면서 시작의 즐거움에 빠져들게 되었다. 그 시 "겨울나무"를 보고 있으면 한 폭의 그림이 그려졌다. 그 계기로 붓을 들게 되었으며, 그때부터 내게 유화물감은 없어서는 안 될 필수품이 된 것이다.

얼마 후 그간의 소식을 담아 선생님께 편지를 보냈다. 그리고 그 입상작을 시화로 남기고 싶어 그림공부에 전념하고 있다는 말도 잊지 않았다. 곧바로 선생님에게서 축하의 답장이 날아왔다. 당신이 나의 뜻의 답례를 하고 싶다며 그 시를 적어 우편으로 보내 달라고 했다. 선생님의 자제분이 미술학도라면서 말이다.

그렇게 해서 나의 처녀작 "겨울나무"가 시화로 탄생 되어 지금까지 내 곁을 묵묵히 지켜주고 있다. 소식이 끊겨 선생님을 향한 그리움이 깊어져서일까. 초등학교를 졸업한 지 40여 년이 지났는데도 나의 마음을 푸근하게 했던 하굣길 그 풍경이 떠오른다. 피로한 정신을 말끔히 씻어주는 삶의 충전기처럼, 아직도 내 귓가엔 선생님의 풍금소리가 정겹게 들려오는 듯하다.

넌 잘 할 수 있어

"선생님! 동학사 벚꽃은 만발했습니다만 춥습니다. 감기 조심하시고 늘 행복하시길 빕니다. 파이팅!" 이와 같은 문자메시지를 선생님에게 보낸 건 동학사 벚꽃축제가 한창이었던 지난 4월 중순경이다. 몇 분 후 울린 전화벨 소리는 문자 수신의 주인공으로 존경하는 나의 스승이자 내 생의 영원한 멘토이신 Y선생님이었다.

야학 시절 나의 담임이자 영어 선생님이었던 선생님은 나와 통화할 때 내가 수화기를 들고 "여보세요"하면 "그래 나다"라고 다소 무뚝뚝한 듯 들리는 첫마디로 인사를 건네신다. 그러나 내가 어떤 일로든 결정을 못 내리고 망설이며 의논을 드리면 "넌 잘 할 수 있어"라는 말을 잊지 않으시며 용기와 희망을 주곤 하신다. 그러한 선생님이 그날은 내가 전화를 받자마자 무척 들뜬 목소리로 "나 요즈음 인형극 배우러 다닌다."라며 마냥 즐거워 하시더니 말미에는 "내가 잘 할 수 있을지 몰라" 하시며 걱정이 앞선다고 하셨다. 마치 사춘기 소녀처럼.

인천에서 평생을 독신으로 사시는 선생님은 칠십을 바라보는 나이로 나의 학창시절에는 서구적인 외모에 늘 긴 생머리로 모나리자를 연상케 하는 마치 큰언니 같은 분이었다. 그런 선생님과 나와의 특별한 인연은 1970년대 초, 서울에서 시작된 나의 야학 시절부터 지금에 이르른다.

그때 나는 생활고로 일찍이 부모님의 슬하를 떠나 머나먼 타향에서 주경야독을 해야 했었다. 그런데 선생님의 도움으로 그 당시 주야간이었던 모교의 교무실에 급사로 추천되어 일자리를 얻게 되었다. 낮에는 교무실에서 근무하고 밤에는 좀 더 편안히 공부할 수 있는 큰 행운을 누릴 수 있었던 것이었다. 수업료 면제는 물론 월급까지 받으면서 말이다.

어디 그뿐이었던가. 그때 나는 내가 벌어서 생계를 책임져야 했으므로 끼니를 대충 때우곤 하였는데, 선생님의 깊은 배려로 번번이 학교 구내식당에서나마 따뜻한 밥상을 맞이할 수 있었다. 그러니 강산이 수없이 변한들 내 어찌 스승님의 깊디깊은 사랑을 잊을 수 있겠는가. 아마도 춥고 배고팠던 시절이었기에 가슴 속에 그 정이 더 깊이와 닿았는지도 모르겠다. 졸업 후 선생님과 연락이 닿은 지는 십육 년이나 되었지만, 얼굴을 뵙고 지낸 지는 불과 5년째로 선생님의 아버님이 대전 현충원에 묻히시면서부터다.

그늘진 내 삶에 따뜻한 온기와 나눔의 정신을 가슴 속 깊이 심어 주셨던 존경하는 선생님, 4년 전 현충일 날 선생님과의 첫 만남을 앞두고는 선생님의 큰 은혜에 어떻게 보답을 해야 할지 즐거운 걱정을 하면서도 소녀 시절로 돌아간 듯 가슴이 마냥 설레었다. 며칠을 고민 끝에 정한 곳이 맛과 분위기 좋기로 소문난 유성 근교의 K한정식 집으로, 그날 그곳에 가 맘껏 점심 식사라도 대접을 해 드리고 나니 한결 마음이 가벼웠다. 그동안 진 빚을 조금은 갚은 듯했다.

그러한 만남을 계기로 더 많이 가까워진 선생님과 나는 종종 전화상으로나마 의논을 하고 정담도 나누게 되었다. 그것이 내 삶의 큰 활력소가 되어주고 있다. 꿈 많던 학창시절, 늘 제자들에게 큰언니처럼 다가와 채찍 대신 "넌 잘 할 수 있어"라는 긍정의 메시지로 자신감을 주었던 그 시절의 선생님은 요즘 말로 인기가 짱이였다.

2년 전 정년퇴임을 한 선생님은 지금은 연금 생활로도 부족함이 없단다. 그러나 할 일이 없으면 나태해지신다고 동네 어린이집에 가 꼬맹이들을 가르친다며, 작년에 구연동화에 올해는 또 인형극을 배우신다니 제자인 나도 자극을 받은 바가 크다. 어쩌면 몇 해 전 종가의 맏며느리로서 가장 어려운 여건 속에서 시작한 나의 만학도의 길, 그 길을 포기하지 않고 끝내 학위를 받을 수 있었던 것 또한 선생님의 불꽃 같은 열정이 전이된 것은 아닐지……

지난해 사회복지사 자격증에 이어 올 초에 미술 심리상담사 자격증 취득은 물론 올 상반기를 끝으로 보육교사 자격증까지 걸머쥘 수 있게 되었으니 말이다. 이 모든 결과 또한 전화상으로나마 선생님에게 의논을 드리면 선생님은 늘 "넌 잘 할 수 있어"라며 아낌없이 응원을 해 주셨기에 가능하지 않았을까.

마당가 목련나무가 빈 가지마다 연둣빛 잎을 피우듯 이제 내 가슴에도 푸른 희망이 자라고 있다. 지금껏 선생님이 나에게 큰 버팀목이 되어 주셨듯이 기회가 되면 나도 그 뜻을 기려 그동안 갈고 닦은 나의 능력을 맘껏 발휘해 보리라. 선생님으로부터 받는 크나큰 사랑을 그 누구에게든 아낌없이 돌려주리라.

스승의 날이 다가오고 있다. 그날 선생님을 직접 찾아뵙기 어려울지라도 선생님과 소중한 만남의 기회는 오는 6월 초 현충일 날로 미루고, 그날만큼은 늘 선생님이 나에게 그랬듯이 나도 선생님에게 힘찬 응원의 메시지를 보내고 싶다. "저 선생님! 인형극 말인데요. 선생님도 잘하실 수 있을 거예요."라고.

추억의 장터길

감사의 시간

하루 일과 중 내가 가장 많이 쓰는 말은 '어서 오세요'와 '안녕히 가세요.'이고, 가장 즐겨 쓰는 말은 '감사합니다.'와 '최선을 다하겠습니다.'이다. 물론 이런 말들은 서비스업에 종사하는 내 직업의식에서 자연스레 나오는 말들이지만 나는 그저 의례적으로 하는 말이 아니라 진심에서 우러나오는 말이 되도록 정성을 담아 말을 하려고 노력한다. 그런 정성스러운 말로 사람들을 대할 때 내 삶의 순간순간이 더욱 건강해지고 행복해지는 듯한 느낌이 든다.

내가 사는 계룡산 기슭은 우뚝 솟은 산봉우리들이 병풍처럼 펼쳐져 있는 곳이다. 아침에 잠자리에서 일어나면 나는 맨 먼저 창문을 열고 수목을 거쳐 온 맑은 바람을 마주한다. 늘 같은 풍경을 마주하면서도 매번 자연이 주는 신비로움 앞에 숙연해진다. 변함없이 떠오르는 해를 보며 먼저 '감사합니다.'라고 되뇌인다. 자연에 둘러싸여 살면서 늘상 자연의 소리를 들을 수 있는 안식처가 있어 감사할 따름이다.

비록 내가 집에서 머무르는 시간은 휴일 외 출근 전과 퇴근 후, 얼마 안 되는 시간이지만 마음을 편안히 내맡길 수 있는 휴식의 시간이기에 귀중하다. 개구리들이 목청껏 울어대는 여름밤이면 창문을 활짝 열고 귀는 지상의 소리에 기울이면서도 눈으로는 하늘을 우러러본다. 밤하늘의 별들을 바라보며 하루 일과를 정리하다 보면 숱한 하늘의 별들이 말을 걸어오는 듯한 느낌을 받는다. 그들에게도 감사의 마음을 보낸다.

법정 스님의 글귀를 떠올리며 별자리를 찾아보곤 한다. 스님은 어느 산문집에서 별자리는 모르고 바라보는 것과 알고 바라보는 것은 느낌이 다르다고 하셨다. 또 법정 스님의 그 책에는 '사시사철 밤하늘에 별은 뜨지만, 봄밤에는 흐려서 별들이 제대로 드러나지 않고 가을과 겨울철에는 별빛은 영롱하지만 밤기온이 차가워 오래 지켜볼 수가 없다.' 는 말이 있다. 그렇다. 그래서 나도 여름밤 별들을 즐겨보곤 한다. 무더운 여름밤이면 더위도 식힐 겸 마당 한가운데 돗자리를 펴곤 한다. 여름밤은 별을 바라보기엔 적격이지만 한밤중에야 별자리가 드러나기에 밤 깊은 시각 사위가 조용할 때까지 기다려야 한다.

더욱이 여름철 별자리 중 눈길을 끄는 것은 은하를 사이에 두고 커다란 삼각형을 이루고 있는 백조자리와 거문고자리, 독수리자리이다. 그중 거문고자리에서 가장 밝은 별은 직녀별이고 은하를 건너 독수리자리에서 가장 밝은 별은 견우별이다. 견우직녀는 은하를 사이에 두고 동서로 자리 잡고 있는 견우성과 직녀성의 줄임말이다. 이들 별자리를 우러르고 있으면 음력 7월 7일 칠석날과 관련된 전설이 떠오른다. 그들은 서로 열렬하게 사랑한 나머지 직녀의 아버지인 옥황상제의 허락하여 혼인을 했지만 자신들의 소임을 다하지 않았던 모양이다. 사랑에만 빠져 있어 진노한 옥황상제가 그들을 떼어놓았단다. 일 년에 한 번 음력 7월 7일 칠석날 밤에만 둘의 만남을 허락하였다니 그 사랑이 얼마나 애틋했을까. 까마귀와 까치가 그 두 별이 서로 만날 수 있도록 만들었다는 다리가 바로 전설의 오작교인 것이다.

비록 전설이긴 해도 견우직녀의 이야기를 생각해볼 때마다 사랑의 절실함과 안타까움을 느끼게 한다. 사랑만 갖고는 살 수 없는 세상이기에 점점 사랑의 애틋함이 사라져가고 있는 물질문명의 세태가 안타깝기도 하다. 별을 바라볼 수 있는 시간과 환경이 주어져 있기에 정신적인 삶의 한 측면을 붙들고 이을 수 있는 것이 여간 감사한 게 아니다.

자연의 풍경에 둘러싸여 아침저녁을 맞이할 수 있어서 내 마음엔 시가 탄생할 수 있으니 그 또한 감사한 일이 아닐 수 없다. 그래서 나는 도시에 있는 내 일터에서도 작은 일에 감사하며 들고 나는 모든 사람들에게 감사의 인사를 하게 되는지 모른다. 여느 때와 같이 오늘도 나는 '어서 오세요' 와 '감사합니다.' 로 하루 일과를 시작한다. 손님이 없는 시간 틈틈이 시상을 떠올리며 메모를 하곤 한다. 시를 위한 메모의 시간에도 나는 마음속으로 내 마음의 쉼터인 숲과 들과 하늘과 별자리를 그리며 상업적 메마름에 치우치지 않으려 노력한다. 그리고 그런 마음의 여유를 가질 수 있음에 또한 감사한다. 손님이 없어도 나는 나만의 오붓한 시간이 주어지는 것에 감사한다.

귀한 손님

하늘소가 머물다 간 마당가 석류나무 가지엔 따스한 봄볕이 내려앉고 있었다.

유난히도 무더웠던 지난 여름 어느 날의 일이다. 딸아이 결혼 후 처음 맞은 사위 생일날이다. 그날은 딸네와 함께 네 식구가 오붓이 우리 집 마당에서 숯불고기 파티를 했다. 장미꽃처럼 피어오른 불꽃에 숙성된 목삼겹 놀빛으로 익어가고, 열대야 염천에 초록별들도 익어 가는데 어디서 왔을까. 말없이 장수하늘소가 날아왔다.

국립수목원에 따르면 하늘소는 1968년도에 천연기념물 제218호로 정해졌다고 한다. 멸종위기의 야생물 1급으로 지정되었다는 것이다. 유라시아 대륙의 딱정벌레 중 가장 큰 곤충이란다. 우리나라에선 1934년 곤충학자인 조복성 박사에 의해 처음 기록되었다고 한다. 점점 사라져가는 희귀곤충으로 법적 보호를 받고 있다는 것이다.

그래서 하늘소를 미련 없이 날려 보냈다. 녀석을 키우면 거금의 벌금을 내야 한다는 딸아이의 엄포가 있었기 때문이다. 하지만 딸아이도 못내 녀석과의 작별이 아쉬웠던지 스마트폰으로 하늘소 정보 검색에 몰입했다. 이내 혼잣말하듯 "하늘소 몸값이 엄청 나네."라고 하는 게 아닌가. 순간 나는 거금을 손에 쥐었다 금세 잃어버린 기분이었다.

허망했다. 남편과 나는 대형 후레쉬를 들고 담장 밖 농장으로 향했다. 한참을 농장가 숲속을 찾아다녔다. 그러나 녀석은 금세 간 곳이 없었다. 온 가족이 합세했지만, 녀석은 자취를 감춰버렸다. 어차피 찾아도 키우지 못할 것을 아쉬워하지 말자고 서로 마음을 다독였다. 숯불고기 파티에 시간 가는 줄 몰랐다. 그런데 어디선가에서 또다시 녀석이 날아왔다. 별빛 쏟아지는 황홀한 야경에 마음을 빼앗긴 걸까. 그토록 찾아 헤매도 도통 보이지 않던 녀석이 제 발로 찾아왔으니 말이다.

우리는 제각기 자신의 스마트폰을 들고 녀석의 모습을 카메라에 담았다. 또다시 파티장에 나타나 모델이라도 꿈꾸는 것일까? 첫 방문 때와는 달리 큰 덩치로 날갯짓을 하며 이런저런 포즈를 취했다. 졸지에 아마추어 곤충모델로 데뷔한 것이다. 그렇게 카메라 세례를 수없이 받으며 피로했던지 슬그머니 석류나무 품에 안겼다. 미처 부르지 못한 생일 축하곡 한 소절 저음의 날갯짓으로 날리고 말없이

안내를 해 기다림이 다소 지루했다. 얼른 손녀 보고픈 할미 마음도 모른 채 말이다.

어느새 커서 결혼을 해 아비가 된 내 아들은 우리 집의 장손이다. 그러니 독자인 제 할아버지에겐 특별했다. 할머니, 할아버지 사랑을 듬뿍 받고 자랐다. 눈에 넣어도 아프지 않을 우리 가족의 희망이었다. 입덧이 심했던 제 누이와는 달리 입덧도 별로 안 하고 자랄 때도 순둥이였다. 그런데 손녀는 잠투정이 심하단다.

제 외할머니가 산간을 해주고 있을 때 안부 전화를 했었다. 그런데 그 자그마한 손녀 하나에 온 가족이 매달려 있다고 했다. 나는 안사돈에게 제 아비는 자랄 때 순둥이였다고 했더니 제 어미도 순했다고 하는 게 아닌가. 그래서 나는 "제 고모를 닮았나 봐요."라고 했다. 며느리가 무남독녀이니 자연스레 제일 가까운 핏줄인 제 고모가 대화의 무대에 오른 것이다.

핏줄이라 당기는 건 어쩔 수 없나 보다. 손녀를 보고 온 지 얼마 되지 않았는데 자꾸만 보고파진다. 일하다가도 수시로 생각이 난다. 새처럼 나비처럼 하늘을 날듯 옹알이하며 노는 모습을 동영상에 담아 보내왔다. 그러나 내 스마트폰의 용량이 작아 볼 수가 없다. 작동이 잘 안 된다. 그래서 난 기존 폰 보다 몇 배로 큰 새 폰을 구입했다. 손녀 커가는 모습을 영상으로나마 보고 싶어서였다.

나는 평소 물건을 잘 바꾸지 않는다. 어떤 물건이든 구입하면 망가

질 때까지 쓴다. 근검절약 정신이 배어 있기도 하지만 새로운 물건을 내 것으로 익히기까지는 많은 시간이 소비되기 때문이다. 그런 내가 폰을 바꾸었다. 단지 용량이 작아 손녀의 영상을 보기 어렵다는 이유만으로 말이다. 새 폰이 내 손에 쥐어지던 날, 종일 낯선 그 폰에 매달렸다. 어느 정도 내 것으로 익히고 나서야 며느리에게 기별을 했다.

새 폰으로 교체했으니 손녀 모습을 보내 달라고 한 것이다. 반짝이는 눈망울로 제 할아버지와 제법 눈 맞춤을 잘하던 손녀가 며칠 후 50일 기념사진 촬영을 한단다. 배가 고팠던지 내 품에 안겨 제비처럼 조그만 입을 벌리며 칭얼대던 손녀의 모습이 눈에 선하다. 50일 기념사진 촬영을 대비해 이 할미가 직접 머리 손질을 해주었다. 손녀 주원이는 미용실 개업 이래 가장 어린 꼬맹이 손님이다. 최연소 장거리 출장 고객으로 기록되지 싶다.

오랜 기다림 속에 내 곁에 찾아온 손녀 축복이! 하늘이 내린 귀한 선물이다. 건강하고 씩씩하게 자라 푸르른 5월엔 온 가족의 축복 속에 사랑의 백일 상을 맞으리라. 축복이란 태명처럼 라일락 꽃향기가 축복처럼 피어오를 때다. 우리 집 뜨락을 묵묵히 지키는 라일락! 아직 잎을 틔울 기미도 없는데 벌써부터 할미 마음이 급해진다. 손녀의 이런저런 모습이 담긴 스마트폰 갤러리를 펼쳐보며 속삭인다. "사랑한다. 내 손녀 주원아! 건강하게 잘 자라렴."라고 되뇌인다. 어느새 손녀 바보가 되어버린 걸까.

겁쟁이의 위로

나는 유독 겁이 많다. 간혹 나의 가게에 인상 험한 남자 손님이 오면 언제나 긴장할 뿐더러 여름날 천둥 번개가 치면 혼자선 아예 바깥출입을 못한다. 그러니 옛말에도 겁은 마음의 감옥이라고 하였는지도 모르겠다.

지금으로부터 몇십 년 전의 일이다. 그때 나는 초등학생이었는데 마을 어귀에 조그만 원두막이 딸린 과수원이 있었다. 결실의 계절이 되면 늘 가을 단풍과 무르익어가는 과실들이 학교 가는 길목을 풍요롭게 해주었다. 그래서 어느 여름밤 친구들과 참외 서리를 했다. 지금처럼 먹을 게 흔치 않아 재미 삼아 동무 몇이 간식거리를 찾아 나선 것이다. 참외 서리를 하기 전 각자 할 일을 정했는데 내게는 망보는 역할이 주어졌다. 아마도 친구들이 평소 겁이 많은 나를 특별히 배려해 주었던 것 같다.

내가 친구들에게 '겁쟁이' 라는 별명을 얻게 된 시기는 초등학교 3학년 때이다. 시골에서 어린 시절을 보낸 나는 봄이면 동무들과 뒷동산에 올라 진달래꽃과 아카시아 꽃, 찔레 순 등을 따 먹으며 자랐다. 그래서 그날도 동무 몇이 냇물 건너 산으로 삘기를 뽑으러 갔다. 인적 드문 산이라서일까. 제법 물오른 삘기가 많았다. 나는 횡재한 듯 통통하게 불거져 나온 꽃이삭을 뽑느라 시간 가는 줄도 몰랐다. 그렇게 한참을 삘기 뽑기에 전념하고 있는데 누군가 "문둥이 온다." 라고 외쳐댔다. 순간 무서움에 머리칼이 곤두서는 듯했다. 나는 뒤를 돌아볼 새도 없이 정신없이 산을 뛰어 내려왔다.

놀란 가슴을 쓸어내리고 허둥지둥 냇물을 건너다 나는 그만 깊은 물 속에 빠지고 말았다. 얼마를 허우적거리다 밖으로 기어 나왔을까. 어찌나 발버둥을 쳤던지 몸은 파김치가 된 듯했다. 친구의 장난기로 하마터면 끔찍한 일을 당할 뻔했으니 당시엔 내가 살아 돌아온 것만 해도 천만다행이었다. 내 어릴 적 추억에 얽힌 삘기는 지금에 와서 알고 보니 삐비꽃으로 양지바른 산이나 들, 또는 언덕 등에서 자라는 여러해살이 풀이라고 한다. 늦은 봄 삘기 철이 되면 내게는 친구들과 꽃이삭을 따러 갔다 죽을 뻔했던 기억이 아련히 떠오른다. 그 충격으로 지금껏 수영장엔 한 번도 가본 적이 없지만, 그 생각만 하면 입가에 웃음꽃이 절로 피어난다.

그렇듯 나는 어릴 적부터 무척이나 겁쟁이였다. 어찌나 겁이 많던지 초등학교 때 해마다 전교생들에게 치러지는 예방접종조차 하지 못했다. 내가 다니던 학교 근처엔 언제나 시냇물이 맑게 흐르고 있었다. 그때는 그곳이 나의 유일한 피신처였다. 예방주사를 맞기 위해 친구들이 삼삼오오 교실을 빠져나와 운동장으로 모이는 날이면 나는 남몰래 개울가로 향했다. 사철나무로 울타리를 한 학교 담 개구멍을 통해 슬그머니 도망을 쳤던 것이다. 그런데 이제는 그곳이 내 정신적 고향이 되었다. 그때 나는 자연이 들려주는 청아한 물소리와 바람소리 또한 이름 모를 새들의 화음소리에 흠뻑 젖어 들곤 했다. 어쩌면 오늘날 내가 자연을 정신적 고향으로 여기는 것 또한 그 때문인지도 모른다.

첫 딸아이 출산을 몇 달 앞둔 어느 가을날이다. 들판은 황금물결로 일렁이고 있었다. 그날은 휴일로 가족 모두가 해가 기울도록 텃논에서 가을 추수를 거들고 있었다. 그러니 나 홀로 식사 준비를 해야 했다. 혼자 바쁘게 부엌에서 고등어구이를 하고 있는데 갑작스레 하늘이 컴컴해졌다. 천둥 번개를 동반한 굵은 빗줄기가 쏟아지기 시작했다. 전기가 합선된 듯, 급기야 주방을 훤히 밝혀주던 백열등이 폭발하고 말았다. 금세 산산조각이 난 전등 파편들이 흩어져 버린 부엌은 마치 전쟁터 같았다. 나는 그만 놀라 바닥에 주저앉아 어린 아이처럼 엉엉 울고 말았다.

그때 구세주처럼 시아버님이 들어오셨다. 이내 걱정스런 표정으로 내게 왜 우느냐고 채근하셨다. 그래서 나는 기어들어가는 목소리로 "천둥 번개 때문예요."라고 했더니 껄껄껄 웃으시는 게 아닌가. 자그마하니 아주 당차 보이는데 어찌 그리도 겁이 많으냐면서 말이다. 당시엔 남편과 내가 지내는 별채와는 달리 안채의 부엌은 재래식이었다. 그래서 삭정이를 지펴 밥을 해야 했다. 그때 나는 빨갛게 타오른 아궁이에 석쇠를 올려놓고 자반고등어를 굽고 있었다. 그런데 천둥 번개 소동으로 고등어는 시커멓게 타버렸다. 그 후 여름밤 천둥 번개가 치는 날 별채에 나 홀로 있으면 아버님은 꼭 어머니를 별채로 보내셨다. 겁 많은 당신 며느리에 대한 살뜰한 배려였던 것이다.

내가 순 겁쟁이라는 것이 지인들에게까지 알려진 계기는 아이들의 초등학교 입학 전의 어느 모임에서였다. 그때 나는 한 동네에서 시부모님을 모시고 사는 새내기 아기엄마들과 상포계 모임을 했다. 그래서 여름철을 맞아 단합대회 겸 공암 다리 밑으로 피서를 갔다. 오랜만에 또래들끼리 야유회서 점심 식사를 한 후 이런저런 이야기꽃을 피우고 있는데 구름 한 점 없던 하늘에 먹구름이 끼기 시작했다. 이내 천둥 번개를 동반한 거센 비바람이 몰아쳐 왔다.

나는 정신없이 아들 녀석만을 끌어안고 용수천변 양조장으로 뛰었다. 굵은 빗줄기 속을 뚫고 가까스로 그곳에 도착했을 땐 다행히도 먹구름이 걷히고 있었다. 물에 빠진 생쥐 모습을 한 아들과 나의 행색이 보는 이들에게 급박했던 상황을 짐작케 할 뿐이었다. 그날 이후부터는 계원들조차 내게 겁쟁이라 놀리곤 한다.

한국 속담에 '길을 무서워하면 범을 만난다.' 라는 말이 있다. 이는 즉 겁이 많아 무서움을 많이 타는 사람은 그만큼 더 무서운 일을 당하게 된다는 뜻이다. 그렇다. 아마도 나는 평소에 겁이 많으니 일상생활에서 무서운 일들을 더 겪게 되는지도 모르겠다. 그러나 겁이 많은 것이 결코 나쁘지만은 않는 것 같다. 겁이 많다 보니 어떠한 일을 시작하기에 앞서보다 더 신중하게 생각하는 습관을 갖게 되기 때문이다. 내게 붙여진 겁쟁이란 꼬리표는 소심함의 단점을 표현하는 것 같지만 행동의 신중함을 갖게 하기도 했다. 그러니 지금껏 내 삶에 시련은 있어도 실패는 없었던 게 아닐까.

검은 봉지와 흰봉투의 사랑

시아버님이 돌아 가신지도 오랜 세월이 지났다. 위암 말기로 만 일 년 동안 투병 생활을 하시다 당신의 생일을 며칠 앞두고 다시는 돌아올 수 없는 먼 길을 떠나셨다. 한없이 인자한 성품에 곧은 인품을 고루 갖춘 아버님은 동네 사람들로부터 법 없이도 살아갈 호인이라는 칭송을 한 몸에 받고 사셨다. 그런 아버님은 어려서 아버지가 돌아가셔서 늘 부성에 목말라했던 내게 푸근한 사랑을 느낄 수 있게 해 준 분이셨다.

종가의 7남매 맏며느리로서 고된 삶을 시작한 지도 어느새 강산이 몇 번 변한 세월이다. 남편과 백년가약을 맺기 전 일찍이 타향살이로 외로움에 젖어 있던 나는 대가족이 어우렁더우렁 모여 사는 결혼 생활을 꿈꾸어 왔었다. 그런데 남편과 부부의 연을 맺고 막상 현실에 부딪혀 보니 대가족이 함께 사는 생활은 그리 녹록지 않았다. 남편 위로 출가한 손위 시누이 둘에, 손아래로는 시동생 둘, 시누이 둘이 미혼이었다. 하지만 그 당시 남편의 바로 밑의 남동생은 이미 자식을 낳고 동거생활을 하고 있었다. 나는 신접살림을 시작한 이듬해부터 시집의 대소사를 치러야만 했다. 맏며느리였기에 어설프게나마 내게 맡겨진 본분을 다하여야 했던 것이다.

아버님에게 어머니는 언제나 특급 보호 대상 1호였다. 어머니의 살림 솜씨가 못 미더우셨던지 아버님은 언제나 당신이 모든 집안 대소사를 관장하시고 처리하셨다. 그러니 집안일에 뒷짐 지고 있는 어머니는 아버님의 특별한 보호를 받으시는 양, 보일 수밖에 없었다. 그러다 보니 집안 경제권 역시 아버님이 쥐고 계셨다. 그래서 집안의 행사가 있을 때마다 맏며느리인 내가 아버님과 함께 머리를 맞대고 의논을 하게 되었다. 조촐하게나마 시어머니 회갑상을 차려드리고 곧이어 시동생, 시누이들의 여우살이를 연거푸 치러내야 했다. 그런데 그때는 지금처럼 식당에서 잔치를 하는 일이 그리 흔치 않았기에 잔치 음식을 대부분 집에서 장만하여야만 했다. 그러니 초보주부로서 그 모든 일이 힘에 겨웠던 것은 당연한 것이었다. 그런데 아직 그 모든 일에 익숙해지기도 않은 터에 어느 날 아버님은 내게 시집오자마자 부려먹어 미안하다고 하시더니, 뜻밖에도 집안 살림을 나에게 모두 맡기겠다고 하셨다.

그러나 나는 아직 큰살림을 이끌어갈 엄두가 나지 않아 극구 사양을 할 수밖에 없었다. 그런데도 아버님은 막무가내 내 손을 덥석 잡으시고는 "난 너만 믿고 살란다."라고 하시는 것이었다. 그동안 당신 혼자서 안살림까지 하시느라 얼마나 마음고생이 심하셨던지 "너는 하늘에서 내려준 내 며느리여"라고 하시면서 나에게 모든 것을 맡기신 것이다. 그렇게 나는 결혼한 지 몇 해 안 되어 아버님으로부터 무거운 짐을 인계받았다. 아버님과는 서로 눈빛만 봐도 상대의 마음을 읽을 수 있었으니 아마도 아버님과 나는 전생부터 무슨 깊은 인연이 있었던 게 아닐까,라고 생각될 정도였다.

아버님은 충청도 농촌 출신으로 집안 형편상 스무 살이 되기도 전에 지게를 지며 흙에 묻혀 사셨다고 했다. 그래서인지 아버님은 생전에 근검절약이 몸에 배어 있었다. 그런 아버님에게 내가 가장 후한 점수를 받게 된 데에는 어쩌면 나의 검소한 생활습관이 큰 몫을 한 것인지도 모른다. 아버님은 투병 생활 중 주로 한밤중에 용변을 보시곤 하셨는데 남편은 그럴 때마다 아버님을 업고 별채 재래식 화장실로 향해야만 했다. 그래서 나는 행여나 넘어질세라 외곽의 전등을 훤히 켜곤 했다. 그런데 아버님은 그때마다 전기료를 아껴야 한다며 불을 끄라고 성화를 대셨다. 위암 말기로 고통스런 삶을 연명하면서도 그렇게 매사 절약하는 태도를 고수하셨다.

새집 지어 이사 온 지 2년 만에 세상을 등진 아버님은 생전에 한 번도 집안의 수세식 화장실을 이용하지 않으셨다. 당신의 평생 습관이 투병 생활 중에도 재래식 화장실을 고집하게 했던 것이다. 그러니 야간에는 아버님의 간호를 도맡아 하는 남편의 노고가 이만저만이 아니었다. 그러나 남편은 평소 상냥한 성격은 아니었지만 불만스러운 내색 없이 아버님이 운명하실 때까지 효성을 다했다.

골초였던 어머니와는 달리 담배를 전혀 피우지 않으셨던 아버님은 술을 늘 반주로 드실 정도로 대단한 애주가셨다. 그러나 아버님은 술을 즐기시되 늘 절제하는 정신으로 가족들에게도 예의를 지키시는 분이셨다. 밖에서는 말할 것도 없고 집에서조차 한 번도 당신의 흐트러진 모습을 보이지 않으셨으니 아버님은 분명 타고난 체력에 명품 술꾼이셨지 싶다.

"며느리 사랑은 시아버지"라는 옛말의 본보기처럼 유독 내게 쏟는 아버님의 사랑은 각별 했다. 아버님은 농한기가 되면 이따금 여행을 가시곤 하셨는데 내게 줄 선물은 언제나 잊지 않으셨다. 언젠가는 동네 어느 자제분의 결혼식이 있던 날이다. 그날 예식장을 다녀온 아버님은 검은 비닐봉지 하나를 들고 와 내 방에 슬그머니 디밀었다. 그런데 그 속에는 뜻밖에도 내가 가장 좋아하는 까만 깨고물의 인절미가 들어 있었다. 얼마 후 이웃 아주머니에게서 들으니 당신 며느리가 좋아하는 떡이라며 부엌에까지 와서 특별 부탁을 하여 싸준 것이라 했다. 지금도 인절미를 먹을 때면 목이 뜨거워지는 이유다.

또한 아버님은 친가 행사 중 애사가 있을 때에는 나를 꼭 데리고 다니며 친척 어르신들께 인사를 시키곤 하셨다. 그때마다 어머니의 불평이 이만저만이 아니었다. 며느리 부재 중 당신 혼자 손주들을 돌보아야 했으니 무척이나 속상하셨을 것이다. 당신 며느리가 종부라는 이유로 집안 어르신들을 뵙게 하려는 아버님의 속 깊은 뜻 때문에 어머니는 불편하셨던 것이다. 그렇듯 아버님은 생전에 따뜻한 사랑과 무한한 신뢰로 나를 종부로서 바로 세워 주셨다.

들판이 황금빛으로 일렁이던 어느 가을날의 일이다. 아버님이 세상을 뜨기 사흘 전이다. 그날도 나는 가게에서 퇴근하여 아버님 곁을 묵묵히 지키고 있었다. 그런데 아버님이 내 손을 꼭 잡으시고는 "난 너만 믿고 갈란다."라고 하셨다. 그리고는 눈물을 글썽이며 하얀 편지 봉투 하나를 나에게 전해 주셨다. 당신 생각 같아선 수백만 원이 든 통장이라도 내 손에 들려주고 싶었는데, 해마다 치러온 대소사로 인해 그 뜻을 이루지 못했다고 하시면서 그동안 고생시켜 미안하다는 말씀을 덧붙이고 칠십만 원이 든 봉투를 나에게 쥐어 주셨던 것이다.

아버님과 나와의 생활은 불과 십여 년간이었으니 그리 길지는 않았다. 하지만 종가의 잦은 행사로 머리를 맞대고 상의하고 이일 저일 치루며 그 정이 더 도타워진 듯하다. 아버님의 임종과 그 후 이어진 장례 절차를 치루며 나는 여느 며느리보다 더 큰 아쉬움과 깊은 슬픔을 느껴야 했다. 그땐 마치 무거운 짐을 나 홀로 짊어진 듯 맥이 쭉 빠졌지만, 친정아버지의 정을 모르고 컸던 내 가슴에 가득 정을 담아주시고 떠난 그분과의 이별이 더욱 나를 허전하게 했는지도 모른다.

아버님이 떠나 신지도 어느새 25년이 되어간다. 이제 내가 누군가의 시어른이 된 시점이다. 사랑은 내리사랑이라 하는데 아버님이 내게 내려주신 속 깊으신 신뢰와 정을 나도 내 며느리와 사위에게 그만큼 줄 수 있을지 모르겠다. 결혼으로 인한 인연도 혈연 못지않게 웅숭깊고 아름다울 수 있음을 배웠기에 마음으로는 언제나 아버님을 생각하며 그리 해보리라 생각하는데 말이다.

간절한 바람

딸아이 혼례식을 치룬 한 달여 후 남편이 입원을 했다. 건강검진에서 발견된 위 선종 제거 시술을 받기 위해서다. 주치의는 별거 아니지만, 혹시 시술 부위에 출혈이 있을 걸 대비해 3박 4일간의 입원 일정을 잡아 주는 것이라고 한다. 보호자가 환자의 곁을 지켜야 한다는 당부도 덧붙이면서 말이다. 꼼짝없이 나도 남편 따라 병원 신세를 져야 했다.

남편이 배정받은 2인실에는 다른 병명의 환자가 일찍이 자리하고 있었다. 한방을 쓰게 된 옆 침대 환자는 그동안 홀로 얼마나 심심했던지 간간이 이야기보따리를 풀어 놓곤 했다. 당신 나이 팔순을 바라보는데 몇 해 전 부인과는 사별했다며 12년 연하의 애인을 두고 있다고 했다. 슬하에 아들만 둘을 두었지만, 자식들 다 소용없다며 돈이 효자라는 게 아닌가. 돈이 있으니 애인도 있고 당신도 존재한다며 혈액 종양으로 한 달에 한 번씩 입 퇴원을 거듭한다는 것이었다. 입원 내내 푸념인지 자랑인지 모를 이야기 마당을 두서없이 펼치곤 했다.

옆 침대 환자 애인은 저녁 식사 때가 되면 병실에 왔다. 분식집에서 아르바이트를 한다며 간식거리를 꼭 사들고 왔다. 어쩌면 그리도 살갑게 간호를 하던지 그 나이 때 보기 드문 환상의 커플이었다. 겉과 속은 꿰뚫어 볼 수는 없지만 나이 들어 서로 보듬어 주니 좋아 보인다. 그러나 입원실 간이침대에서 쪽잠을 자는 나와 달리 그녀는 언제나 집으로 향했다. 옆 침대 환자는 애인이 없는 시간이면 간간이 그녀와의 러브스토리를 들여 주곤 했다.

다행히도 남편의 위 선종 제거 시술은 성공적이었다. 입원 기간 중 출혈도 없었을 뿐더러 시술이 잘 되었다는 주치의의 설명을 듣고 안심이 되었다. 3박 4일간의 짧고도 긴 병원 생활을 마치고 들어선 나의 집은 더 편안하게 느껴졌다. 어수선했던 병실에 비하니 아늑한 별장에 온 기분이었다. 퇴원 후 조직검사 결과 암이 아니라는 주치의 판명은 우리 부부를 홀가분히 해외 여행길에 오르게 했다.

그래서 병에 걸려봐야 건강의 즐거움을 누릴 수 있는 게 아닌가 싶다. 출가한 딸이 가까이 사니 든든하다. 주위 분들은 딸아이 시집보내고 얼마나 섭섭하냐고 위로를 하지만 난 그저 덤덤하다. 허전함을 별로 못 느낀다. 제 짝 찾아 알콩달콩 살아가는 모습이 예쁘고 대

견할 뿐이다. 딸은 예쁜 도둑이라더니 며칠이 멀다고 찾아와 찬거리를 가져간다. 무뚝뚝한 남편도 그런 딸아이가 밉지는 않은 듯 손수 먹거리를 딸아이 몫으로 챙겨 놓는다. 애정표현인 양 "딸은 예쁜 도둑이라잖아"라는 말을 내게 넌지시 던지곤 한다.

남편이 입원할 때도 딸이 운전을 하여 데려다 주었다. 딸자식 덕을 본 것이다. 평소 술 담배를 즐기는 남편은 입원 내내 정든 친구들과 작별이라도 한 듯 왠지 쓸쓸해 보였다. 말없이 창밖만 내다보았다. 퇴원하는 날, 이참에 술 담배를 끊는 게 어떻겠냐는 주치의의 말의 묵묵부답이더니, 재차 "적어도 2주까진 술 담배는 금해 주세요?"라고 하니 그 부탁만은 참 잘 지켜주었다. 퇴원 후 술 담배량은 많이 줄었다. 그러나 아주 끊기는 힘든 듯 해외 여행길에도 공항면세점에서 담배를 사들고 흐뭇해했다.

80년대 초 나와 부부의 연을 맺은 남편은 미수의 나이가 되도록 병원은 모르고 살았다. 입원은 이번이 두 번째로 처음엔 교통사고였던 걸 감안하면 술 담배를 즐기기는 해도 남편의 건강은 타고난 듯하다. 나는 간간이 남편에게 건강관리 잘해 즐겁게 살자 한다. 맏이로서 부모님 다 건사하고 자식들까지 출가시켰으니 우리들만의 삶을 건강하고 즐겁게 살자 한다. 하루빨리 담배를 끊었으면 하는 나의 간절한 바람을 에둘러 표현하는 것이다. 그래도 참 다행인 것이 남편의 흡연량이 많이 줄었다는 점이다. 한두 잔의 술은 혈액순환에 좋다지만 흡연은 주위 사람들 건강에도 영향을 끼치기에 금연을 권하는 것이다.

한동안 뜸했던 스마트폰이 울린다. 병원에서 온 문자 메시지다. 남편의 위내시경 검사 예약일 안내문이다. 주치의는 조직검사 결과를 보는 날, 두어 달 후로 위내시경 검사 일을 잡아 주었다. 이제는 건강관리 차원이라고 한다. 수면 내시경을 고집하는 남편이기에 보호자가 동반해야 한단다. 위내시경 검사 시간을 오전 일찍 잡은 것도 나의 출근 시간을 고려한 이유에서다.

쿵짝~ 쿵짝~ 쿵 따라라 쿵짝~~~ 어디선가 들려오는 유행가 가사처럼 언제쯤이면 남편이 담배를 멀리할 수 있을까. 담배 냄새 없는 멋진 쿵짝 인생을 펼칠 수 있을까. 몸에 안 좋은 그 못 쓸 물건을 왜 만들어 놓고 금연운동을 하는지 모르겠다. 정녕 몸에 덜 해로운 담배는 생산할 수 없는 것일까. 건강이 좋아지는 담배! 보약 같은 담배면 얼마나 좋을까.

정

중증 치매 환자인 시어머니는 시시때때로 내게 밥 달라고 성화를 대신다. 언제나 남편이 당신 곁에서 병시중을 드는데도, 하루 종일 굶었다며 생떼를 쓰시곤 한다. 이제는 어머니 스스로 몸치장하는 것은 까마득히 잊은 듯 그저 드실 것만 찾는다. 어머니께 먹을 것만 드리면 늘 내게 예쁜 미소를 보낸다.

구순의 어머니가 병상에 누우신 지도 어느새 6년이 되어간다. 해마다 거듭된 골절상과 뇌경색의 후유증으로 이제는 꼼짝없이 몸져 누워 계신다. 신명 좋기로 소문난 춤꾼이었는데 5년 전 어느 봄날 동네 사람들과의 관광을 끝으로 어머니의 전성시대는 막을 내린 것이다. 항상 주위 분들로부터 건강체라는 칭송을 받으셨는데 말이다.

어머니는 순수하고 단순하신 듯하면서도 고운 인상에 언제나 화사한 옷매무새만큼이나 활발히 놀 줄도 아는 멋쟁이셨다. 그러니 해마다 마을에서 치러지는 효도 관광 땐 당신의 끼를 마음껏 발휘했던 것이다. 마을행사 후엔 동네 사람들 대다수가 어머니를 향해 칭찬을 아끼지 않으셨다. 어머니가 차 안에서 하루 종일 춤을 추신다며 어쩌면 그리도 체력이 좋으시냐며 부러워들 하셨다. 관광을 하시며 얼마나 열정적으로 분위기를 압도하셨으면 동네 어르신들이 내게 어머니께 뭘 해드려 그리 건강하시냐고 했을까.

옛말에 세월을 이기는 장사는 없다고 했듯이 어머니는 팔십 대 중반부터 잦은 병치레를 하기 시작했다. 몇 년 전 어느 봄날 새벽 담배를 피우러 현관문을 열고 나가셨던 어머니가 계단에서 낙상을 하신 것이다. 그때 다리 골절상의 후유증 때문인지 몇 달 후 또다시 넘어져 허리골절 수술까지 하게 되었다. 다리 힘이 없어지니 자꾸 넘어지시는 것 같았다. 엎친 데 덮친다더니 이듬해 어머니께 또다시 뇌경색이 찾아왔다. 다행히도 가족들이 외출 전이어서 어머니를 신속하게 병원에 입원시킬 수 있었다.

그때 나는 만학도의 길을 걷고 있었다. 그래서 다소나마 뇌졸중 환자의 식이 요법을 익히기 위해 전공과목을 변경해 타 학과의 과목을 공부했다. 내심 일거양득의 효과를 기대하며 그 질병에 관한 식이 요법을 습득해 실천에 옮기고자 노력한 것이다. 그런 나의 깊은 관심 때문이었을까. 병원에서 한 달가량 입원 치료를 받은 어머니는 퇴원 후엔 비교적 정상적인 삶을 살아왔다. 수십 년 동안 피워왔던 담배까지 끊으시며 당신 스스로 새로운 삶에 잘 적응하시는 듯했다.

나는 마음이 즐거우면 앓던 병도 치료된다는 성서의 말씀을 떠올리며 어머니께 성심을 다했다. 그런데 또다시 어머니께 불청객이 찾아왔다. 이번엔 어머니가 화장실에서 넘어지신 것이다. 병원에 입원 후 검사를 받아본 결과 엉덩이가 골절되었다고 했다. 담당 의사 선생님 말씀이 너무나 골절이 심해 부득이한 수술을 해야 한다는 게 아닌가. 고령의 나이에도 불구하고 두 번에 걸쳐 한 고관절 수술은 비교적 잘 되었지만, 어머니는 그 후유증으로 인해 끝내 자리보전을 하게 되었다. 더욱이 어머니는 심한 치매 증세까지 보이고 있어 하루에도 몇 번씩 모노드라마를 펼치신다. 얼마 전만 해도 당신 스스로 몸치장하시길 게을리하지 않았는데 말이다.

7남매의 맏며느리로 시어머니와 내가 동고동락 한지도 어느새 31년이 되었다. 그러나 나에게 직업이 있는 관계로 어머니는 늘 집안 살림에 많은 도움을 주셨다. 그러던 어느 가을 어머니 나이가 칠십대 초반이었을 때 아버님이 세상을 뜨셨다. 아버님이 돌아가신 뒤에도 어머니 홀로 십여 년 동안은 아주 건강하게 사셨다. 연로한 나이에 텃밭을 가꾸는 가운데도 꽃단장을 하시는 등 미모에 관심을 놓지 않으시고 그런 멋을 즐기셨다.

3년 전 어느 날 어머니의 정신이 맑았을 때이다. 그때 어머니는 고관절 수술 후 요양 차 병원에 입원해 있었다. 그날 밤 병문안을 간 내게 어머니는 당신 금반지를 나의 방 화장대 서랍 속에 넣어 두었다며 그 반지를 잘 보관하라고 했다. 당신 때문에 고생이 많다며 내게 쌍가락지를 주겠노라고 한 것이다. 순간 가슴이 뜨거웠다. 그동안 어머니로 인해 힘겨웠던 나날들의 노고가 눈 녹듯 사르르 녹아내렸다.

어머니의 말씀대로 금반지는 나의 방 화장대 서랍 안에 자리하고 있었다. 하얀 화장지에 몇 겹씩 싸여져 서랍 속 깊숙이 숨겨 놓으셨던 것이다. 문득 이십 오륙 년 전 어머니가 얼굴 가득 웃음꽃을 피운 채 그 금반지에 관해 내게 들려주었던 이야기들이 떠올랐다. "에미야 이 반지 오랜만에 껴보는 건디 이쁘지야" 라고 했다. 그리고는 당신 딸이 급한 돈이 필요해 가져갔다가 삼 년 만에 해온 것이라고 하는 게 아닌가. 반지가 없어진 동안 가족들이 당신 반지에 관해 물어볼까봐 가슴 졸이며 살았다면서 말이다.

금반지는 그렇게 우여곡절 끝에 어머니 손가락에 다시 끼여진 것이다. 그러니 그동안 애지중지했을 게 뻔한데, 그처럼 소중하게 간직했을 귀중품을 내게 물려 주셨던 것이다. 어머니의 깊은 사랑이 내 마음에 그대로 전달되는 듯했다. 거기다 그 반지는 신기하게도 내 손가락에 잘 맞았다. 마치 내 것으로 맞춰 놓은 듯했다.

추운 겨울이 지나지 않고 어찌 따스한 봄이 오겠느냐는 말이 생각난다. 그렇다. 그래서 나는 언제나 나에게 처한 삶을 긍정적으로 받아들인다. 인생은 아무리 부정해 보아도 한갓 나그네에 불과하지 않은가. 날마다 어쩌면 마지막 인사가 될지도 모른다는 생각을 하며 어머니의 배웅을 받고 아침 출근길에 나선다.

종다래 명다래

이른 아침, 잠에서 깨면 나는 곧바로 마당으로 향한다. 마당에 나가면 흙냄새와 꽃향기에 마음이 끌려 한참을 서성인다. 아직 제자리를 잡지 못한 잔디보다 더 푸릇푸릇한 잡초들이 슬며시 고개를 내밀고 있다. 곧 제거될 처지임을 알아차리지 못한 채 내게 눈을 맞추곤 한다.

올봄에도 우리 마당과 집 앞 농장에는 오미자, 복숭아, 피자두, 참다래 나무 등 묘목 몇 그루를 심었다. 얼마 전 옆집에서 가져온 들꽃 몇 포기와 신품종 묘목 두어 그루까지 합치면 올해 심은 꽃나무만도 열 가지가 넘는다. 허전해 보이던 마당이 이제는 다양한 꽃들과 나무들로 분주하다. 그러니 식전에 나무들에 귀 기울이며 나누는 대화야말로 전원생활에서만이 느낄 수 있는 특혜이지 싶다.

중국 명나라 때 간행된 약학서 본초강목에 의하면 이렇다. 오미자는 오미자나무의 열매로 단맛, 신맛, 쓴맛, 짠맛, 매운맛 등 다섯 가지 맛을 가지고 있어 오미자라고 하는데 우리 몸의 오장과 궁합이 잘 맞는다고 한다. 비장은 단맛, 간장은 신맛, 심장은 쓴맛, 신장은 짠맛, 폐는 매운맛으로 그 기운을 보한다고 했다. 한의학적으로 폐를 돕는 효능이 뛰어날 뿐더러 피로회복과 기관지염에도 효과가 좋다고 해 우리 마당에 심게 되었다. 몇 년 후 꽃을 피우고 열매를 맺으면 우리 가족 건강관리를 위해 약용으로 활용하고자 한 것이다.

작년 봄 벌레가 많이 낀다고 남편이 반대를 해 심지 못했던 복숭아나무를 올봄엔 일찌감치 집 앞 농장에 심었다. 애초에 꽃이 예뻐 심으려 했던 겹꽃의 남경도 나무는 묘목이 없어 심지 못했다. 그래서 그 대신 아들 녀석이 즐겨 먹는 황도 복숭아나무를 심었다. 머지않아 복숭아나무가 어여쁜 꽃망울을 터뜨린 후 탐스런 열매를 주렁주렁 맺을 정겨운 풍경을 상상하면서 말이다.

지난해 4월, 마당 한가운데 심은 살구나무가 올봄 화사한 꽃을 피웠다. 살구나무는 장미과로 처녀의 수줍음이라는 꽃말처럼 앙증맞은 꽃송이들이 빈 가지마다 매달려 얼굴을 붉힌다. 아침에 눈을 뜨면 나를 창가로 이끈다. 곧바로 마당에 나가게 되는 것도 어쩌면 살구꽃 때문인지도 모르겠다. 살구나무 곁에 서면 아득한 나의 새내기 새댁시절이 아련히 떠오른다. 새콤달콤한 살구가 입덧을 멈추게 했던 어설픈 초보 임신부 시절이 생각난다. 그때 나는 입덧이 심해 밥을 거의 먹지 못했다. 그런데 새콤달콤한 살구 맛으로 인해 입맛을 되찾게 된 것이다.

널찍한 마당과 농장이 딸린 집에 산지도, 어느새 21년이 되어간다. 평소 내 염원대로 이제 마당엔 예쁜 꽃들과 과실수들을 심고 농장엔 철 따라 다른 채소들과 밭곡식을 심는다. 몇 해 전 농장 울타리용으로 심어놓은 두릅나무가 요즘 아침 식탁에 특별메뉴로 등장해 식욕을 돋우어준다. 마당 한켠에는 달래며 돌나물 등도 예서제서 파릇한 모습으로 고개를 세운다. 특유의 향내로 구수한 된장찌개와 상큼한 초장무침의 주재료로 훌륭한 먹거리가 되어주고 있다.

올봄 우리 집 뜰에 심은 나무 중 가장 특별한 나무는 참다래 나무다. 묘목 장수 말에 의하면 다래나무는 암, 수로 심어야 열매를 맺는데 삼백 미터 안팎에 심어야 된다고 했다. 몇 번을 발품 팔아 유성오일장터 길에서 구입한 묘목 두 그루를 우리 가족의 휴식터가 될 야외식탁 옆에 정성스레 심었다. 거무튀튀한 빛깔에 선이 곧은 묘목은 수컷으로 남편의 이름을 따 '종다래' 라고 칭하고, 희멀건 빛깔에 곡선미가 흐르는 묘목은 암컷으로, 나의 이름을 따 '명다래' 라고 지었다.

내가 다래나무에게 붙여준 커플 애칭이 마음에 들었던 걸까. 애초에 남편은 덩굴이 많이 져 관리하기 힘들다며 다래나무 심기를 꺼려했었다. 그런데 막상 묘목을 구입해 오니 당초 달갑지 않게 여겼던 때와는 달리 남편은 다래나무가 자라나 푸른 잎을 피우고 덩굴이 감기면 집을 만들어 줘야 된다며 손수 어린 나무들에게 기본뼈대를 튼튼하게 세워 주었다. 참뜻이 깃든 종다래와 명다래가 머지않아 정글숲을 이룰 준비단계에 들어간 것이다. 남편도 그 애칭이 싫지 않은 듯 간간이 다래나무 곁을 맴돌곤 한다.

참다래는 원래 중국 남부에서 자라는 식물로 20세기 초 뉴질랜드에서 재배하기 시작했다고 한다. 또한 다래나무는 병충해에 강해서 저농약이나 친환경으로 재배할 수 있는 품종이라고 전해진다. 그러니 우리 집 관상수로 최고이지 싶다. 더욱이 그 열매는 비타민C가 풍부할 뿐더러 피로회복과 불면증 치료에도 뛰어나다니 금상첨화이지 않을까. 아침에 마당에 나가보니 어느새 올곧은 다래나무가 연둣빛 싹을 틔우고 있다.

주꾸미와 봄

퇴근길에 들린 수산시장은 많은 사람들로 북적댔다. 비릿한 생선 냄새가 콧속 깊이 파고들었다. 딸아이와 나는 싱싱한 주꾸미를 사기 위해 해산물이 즐비한 시장바닥을 기웃거렸다. 주꾸미 철인데도 가격은 상승세였다. 얼마 후 낙점된 물 좋은 녀석들은 검은 봉지 안에 딱 붙어 숨을 죽이고 있었다. 주꾸미를 실은 차가 가로수 길을 따라 삽재 고개에 오르자 마치 녀석들은 봄나들이가 신이 난 듯 꼼지락대기 시작했다. 이제 곧 저녁상에 올려 질 운명인지도 모른 채 말이다.

미안하지만 활발히 꼼지락대던 주꾸미는 조용해진 채 우리 식구의 저녁 식탁에 특별메뉴로 올려졌다. 한동안 사용할 기회가 별로 없었던 높이가 낮고 바닥이 넓은 휘슬러 냄비까지 총동원되었다. 얼마 후 식탁 위에 올려진 냄비 뚜껑 틈새로 향 깊은 버섯과 양파 등의 부재료들의 냄새가 주꾸미와 어우러져 주방 가득 구수하게 피어올랐다. 알맞게 우려진 육수에 곁들이는 주꾸미 샤브샤브는 산해진미였다. 그동안 바쁘게 사느라 집에서 재철 주꾸미 파티를 하는 건 엄두도 못 냈었다. 그런데 며늘애가 자리를 마련해 주었다. 주꾸미 맛은 봄철이 최고라는 안부 문자와 함께 파티비용을 보내왔기 때문이다.

우리 가족은 오붓이 식탁에 모여 앉았다. 모처럼 싱싱한 주꾸미를 마주하니 문득 오래전 봄날 부부동반으로 주꾸미파티를 했던 어느 지인의 집이 떠올랐다. 그곳은 지금은 식당을 겸한 주거지로 다소 변화되어 있지만, 그땐 마당 한켠 아궁이에 장작을 지펴 잔치를 할 수 있는 한적한 농가였다. 그러한 여유로움이 있었기에 이십여 명의 인원이 한가로이 파티를 할 수 있었던 것이다.

그때 우리는 풀꽃이 여기저기 피어있는 마당가에 빙 둘러앉았다. 커다란 가마솥에 장작불이 타오르는 것과 같이 우리들의 담소도 붉게 피어올랐다. 마주 앉아 시골의 정취를 함께 누리는 사람들 대다수는 흙에 사는 고향 지킴이들이었다. 자연의 소리를 들을 줄 아는 사람들의 모임이라서인지 그날의 분위기는 더 화기애애했다. 해마다 봄이 되면 생각이 난다. 별빛 쏟아지는 밤이면 그 추억의 잔치 마당이 그리워진다.

주꾸미의 제철 기간은 3월부터 5월까지라고 한다. 봄에는 주꾸미 머리에 알이 실어 그 시기에 먹어야 맛이 더 좋다고 한다. 나는 평소 해산물을 좋아해 간간이 수산시장을 찾아간다. 그런데 주꾸미는 낙지와 생김새가 비슷해 때로는 착각을 하기도 한다. 그 녀석들은 둘 다 내가 좋아하는 해산물이니 바뀐 들 어떠랴만 낙지는 가을에야 제맛을 낸다니 골라 먹어야 하는 때가 다르다. 그러니 봄철엔 보양식으로 주꾸미가 최고인 것이다. 주꾸미는 단백질이 풍부할 뿐더러 콜레스테롤 수치를 낮춰준다니 더욱 내가 잘 챙겨 먹어야 할 음식이다.

나는 평소에 자연식을 즐기는데 이따금 딸아이와 주꾸미 정식집엘 간다. 쫀득한 식감의 도토리전과 담백한 묵사발이 곁들여진 주꾸미 볶음은 특유의 매콤함으로 피로를 싹 가시게 해주기 때문이다. 그 집은 개업 때부터 찾는 나의 유일한 단골식당이다. 그러나 처음엔 양념이 너무 매워서 뱃속이 편치 않았었다. 하지만 종종 찾다 보니 자연스레 적응이 되었다. 그 주꾸미 볶음은 지금껏 매운 음식을 꺼리는 남편과는 달리 내겐 맞춤형 맛집이 되어버렸다.

그 맛을 그리면서 새봄을 맞아 가족 화합 차원의 주꾸미파티를 하게 되었다. 담백한 육수를 곁들인 주꾸미 샤브샤브는 남편이 가장 좋아하기 때문이다. 어느새 남편과 내가 부부의 연을 맺은 지도 강산이 몇 번이나 변할 만큼의 세월이 지났다. 그러나 식성만은 변하지 않는다. 남편은 음식은 가리지는 않지만 매운 건 싫어하고 나는 식성은 까다로워도 매운 건만은 좋아한다. 그러니 매사 온 가족이 함께할 안성맞춤일 음식을 찾아내기가 쉽지 않다.

어느새 봄이 무르익어간다. 봄의 향기가 싱그럽기 그지없다. 거실 밖으로 내다보이는 영산홍과 라일락도 탐스런 꽃망울을 터뜨리며 내 시선을 끌고 있다. 작년 여름 마당가 두릅나무 옆에 보금자리를 꾸린 암탉도 부화기가 되어 알을 품고 있다. 그동안 애지중지 키워 온 우리 집 토종닭의 수는 수탉 하나에 암탉이 셋이니 지금은 그리 대가족이라고 할 수는 없다. 그러나 몇 주 후 알을 깨고 새로운 녀석들이 태어나면 우리 집 새 식구들도 많이 늘어 날 것이다. 그때는 귀염둥이 녀석들을 위해 환영파티를 해야겠다. 별빛 쏟아지는 야회식탁에서 녀석들을 마주하며 주꾸미파티를 할 것이다. 자연의 품에 안겨 또다시 가족 화합의 향연을 마음껏 펼치련다.

최고의 행복

나는 홀로 있는 시간을 즐긴다. 아침에 가게에 출근해 따끈한 차 한 잔을 마시며, 출입문 너머 다양한 표정의 하늘을 본다. 자연이 주는 선물인, 창밖 풍경을 마음껏 감상한다. 그 시간이 내게 주는 최고의 행복이다. 자연은 그렇듯 철 따라 새로운 빛깔과 향기로 허전한 마음을 달래어준다. 잡다한 생각을 말끔히 정화 시켜주기도 한다.

재작년 연말을 고비로 내 삶엔 안팎으로 많은 변화가 생겼다. 30여 년을 함께했던 시어머니의 임종을 지켜보며, 바쁘게 걸어온 길을 뒤돌아보게 되었다. 나만의 사색의 시간이 많아진 것이다. 수많은 날들 어머니의 잦은 병치레로 몸과 마음은 고달팠지만, 그 과정은 내게 큰 교훈을 안겨 주었다. 비로소 내 삶의 철학이 새로운 눈을 뜬 것이다.

작년 봄엔 처음으로 우리 네 식구들만의 가족여행도 하고, 여름엔

집 단장도 했다. 그리고 가을에 아들 혼례식이 있었으니 무척이나 바쁜 나날이었다. 삼복더위에 집수리 하느라 얼마나 숨가삐 움직였던지 마치 꿈만 같이 지나간 날들이었다. 기존에 있던 다락방을 없애고 새로이 다용도실을 만들려니 공사가 컸다. 아들 녀석은 객지에 나가 있는 관계로 뒷일은 남편과 나, 딸아이 셋이서 분담을 해야 했으니 힘에 겨웠다. 그러나 새롭게 변화될 쾌적한 환경을 꿈꾸며 마음만은 행복으로 가득 차올랐다.

평소 나는 새로운 것에 무척이나 낯설어한다. 집수리 전엔 내 집의 살림살이 대부분이 오래된 물건들이었다. 고장이 나야만 버렸던 것이다. 오죽했으면 시집 동기간들이 우리 집엔 골동품들만 있다고 했을까. 그런데 지난 여름, 집 단장을 하면서 가재도구를 거의 새로 사들였다. 텔레비전과 냉장고는 물론 기존에 사용하지 않던 에어컨까지 거실에 들여놓았으니, 내겐 대단한 변화였던 것이다. 우리 속담에 새 술은 새 부대에 담아야 한다고 했듯, 어쩌면 나도 쾌적한 환경에서 새로운 살림을 시작하고 싶었는지도 모르겠다.

올해 처음 앞마당에 된장독과 고추장독 서너 개를 들여놓았다. 햇볕이 잘 들어야 장맛이 더 좋을 거란 남편의 뜻에 따라 올봄 잔디밭에 새롭게 장독대를 만든 것이다. 기존의 장독대에 장을 담가 놓으면 이동하기 불편할 것 같아 지난 2월 중순, 새로 구상 중인 장독대 옆 잔디밭에 장을 담가 놓았다. 따스한 봄이 되면 새싹이 돋아나 아기자기한 항아리들과 잘 어우러질 거란 기대감으로 말이다. 요즘 나에겐 또 다른 취미가 생겼다. 아침에 잠에서 깨어나 맨 먼저 거실 블라인드를 올린다. 창문 너머 자연을 온몸으로 느끼며, 마당 한가운데 옹기종기 모여 있는 장독대 보는 재미가 쏠쏠하기 때문이다.

세네카는 말한다. '사람은 위대한 것보다는 새로운 것을 찬양한다.' 라고 했다. 그 말이 내 가슴에 와 닿는 것은 새로운 삶이 주는 신선함과 충만함에서인지도 모른다. 그것은 아마도 사람은 누구나 마음가짐이 중요하다는 뜻일 것이다. 추운 겨울이 지나면 따뜻한 봄이 오듯, 우리의 삶도 늘 새롭게 가꿔야 하기 때문이다. 새로운 삶의 시작은 언제나 설레임이 따르는 까닭인 것이다

30여 년 전 어느 겨울날의 일이다. 남편과 내가 백년가약을 맺고 새로운 삶의 터전을 향하는데, 차 안 라디오에서 그 시절 유행하던 김연자의 〈알잖아요 내마음〉 이라는 노래가 흘러 나왔다. 동학사 벚꽃 길, 그땐 비포장 도로였던 박정자 삼거리를 막 지나면서였다. 그곳은 이후로 나의 출퇴근을 맞아주며 뜻깊은 추억의 시간들을 되새기게 한다. 30여 년의 세월을 거슬러 곱게 한복을 차려입고 가슴 설레이던 내 모습이 떠오른다. 그곳을 지날 때마다 그 노래가 내 귓가에 들려오는 듯 저절로 흥얼거려진다. 그 길은 나와 전생에 무슨 인연이 깊었던지 강산을 몇 번이나 넘기도록 나의 출퇴근길이 되어준다. 그래서 지금껏 내게 초심을 잃지 않는 마음가짐을 갖게 했는지

도 모른다.

내 생에 잊을 수 없는 특별한 추억의 거리여서일까. 그때의 자연의 풍경과 음악은 지금도 생생하게 가슴 속에 차오른다. 생각만으로도 무료한 삶에 활력을 준다. 그 노래를 들으면 하얀 눈발이 날리던 그 날이 마치 엇그제처럼 되살아난다. 삶은 곧 창조이므로 늘 새로운 것을 만들어 내는 자연현상인 것이다. 고단했던 삶이 내 마음을 새롭게 태어나게 한 걸까. 언제부턴가 나는 혼자 있어도 늘 누군가와 마주하고 있는 것처럼 옷매무새를 가다듬는다. 그리고는 조용히 눈을 감고 명상에 잠기곤 한다. 바쁜 일상에 부대껴 행여 마음결이 거칠어질까 나름의 정신수양을 하는 것이다. 참된 행복은 초심의 설레임 속에 있다고 생각되기 때문이다.

추억 속의 그집 도령

오랜만에 만난 후배 B의 모습은 많이 변해 있었다. 오십 대 초반인데 풍채가 좋을 뿐더러 중후한 멋이 풍겼다. 우리는 반가움에 악수를 하고 모닝커피를 마시며 그간의 회포를 풀었다. 초등학교 졸업 후 나와 B와의 만남의 횟수는 열 손가락을 꼽을 수 있을까 말까 한다. 그러나 어린 시절 이웃에 살다 보니 정이 더 도타워진 듯하다. 가난했던 그 시절 내게 기억되는 어릴 적 B의 모습은 배불뚝이 부잣집 도령이었다.

그런데 지금의 중후해진 체격을 보니 어릴 적 그 모습이 연상되면서 옛 추억이 새로워졌다. 몇 년 전에 보았을 때는 표준 체격의 핸섬보이의 모습이었다. 그래서 그때는 어릴 적 모습을 떠올리며 배불뚝이 꼬마가 많이 발전했다고 놀려댔던 것이다. 어릴 적 후배의 모습은 시골아이 같지 않는 뽀얀 살결의 꽃미남이었다. 그런 B는 대학 졸업 후 취업을 했는데 직장이 외국지사로 발령이나 오랫동안 해외 생활을 했다고 한다. 그러나 얼마 전 귀국을 해 서울에서 살고 있단다. 대전엔 업무 관계로 왔는데 내 가게를 들렸노라고 했다.

잊지 않고 찾아 주는 후배가 고마웠다. 그래서 나는 짐짓 놀리는 말을 하면서도 잊지 않고 고향 선배를 찾아와 준 B에게 고마움의 뜻을 전했다. 예전과는 달리 몸이 많이 좋아진 후배에게 더 이상 배불뚝이라고 놀릴 수는 없었다. 후배가 내게 늘 그랬듯이 나도 후배에게 멋있어졌다는 말만 되풀이했다. 지금껏 후배의 아낌없는 칭찬이 내겐 큰 위로가 되었기 때문이다. 그날도 후배는 칭찬에 인색하지 않았다. 한참 동안 내게 인생의 참맛을 즐길 줄 안다며 릴레이칭찬을 했다. 그 칭찬이 영 싫지는 않으니 나도 이제 나이 들어가는가 보다.

내 어릴 적 B의 할아버지는 남자 무당이었다. 붉은팥 시루떡이 잡귀를 쫓는다는 풍설 때문인지 B이네 집엔 늘 문종이가 붙어있는 팥고물 시루떡이 떨어질 줄 몰랐다. 굿판을 벌이기 전에 B의 할아버지는 언제나 여자 무당과 함께 예행연습을 했다. 나는 그 광경이 너무나 신기해 남몰래 담 너머로 넘겨보곤 했다. 지금은 입맛이 달라져서 팥떡은 먹지 않지만 먹을 것이 흔치 않던 그 시절, 비록 팥 시루떡에 문종이가 붙어있어도 그건 내게 대단히 호사스런 음식이었다. 그땐 그 떡이 내게 심심찮게 귀한 주전부리 거리가 되었으니 이웃사촌 덕을 독특히 본 것이다.

지금은 신도시 재개발로 내가 살던 곳은 흔적 없이 사라졌다. 먼 옛날 울타리 사이로 B네 할아버지의 굿판의 광경을 훔쳐보던 담장도 이제는 볼 수가 없다. 여기저기 고층건물들만 즐비할 뿐, 풀향기 피어나는 논둑길도 송사리떼 뛰놀던 시냇물도 더 이상 볼 수가 없다. 진한 그리움만이 내 가슴에 남아 있을 뿐이다. 그러나 내가 다니던 초등학교는 여전하다. 재건축으로 조그만 시골 학교는 찾아볼 수 없지만 새롭게 변화되어 있다. 아파트 세대수가 늘어나면서 한 학급이었던 학교가 여러 학급이 되었다. 어린 시절 추억이 담긴 소박한 학교 대신 명실상부한 명문학교로 우뚝 서 있다.

세시음식 이야기에 의하면 옛날부터 붉은 팥 시루떡은 귀신을 달랜 떡이라고 한다. 원래 귀신은 붉은색을 무서워한다는 것이다. 어린 시절 문종이를 떼어내며 특별식으로 먹던 팥 시루떡은 지금은 내 식성에 안 맞아 먹지 않는다. 그러나 그 팥떡엔 내 어릴 적 향수가 물씬 배어있다. 언제나 뽀얀 살결의 배불뚝이 도령을 떠올리게 한다. 이제는 어엿한 오십 대 초반의 신사로 변화되어 있지만 내 기억 속엔 언제나 귀염둥이 꼬마로 자리하고 있다. 그때의 추억을 함께 공유할 수 있는 이웃사촌인 것이다.

설 명절 전후로 행여나 찾아올까. 기다리던 후배는 오지 않고 벌써부터 오일장 장터 길엔 정월 대보름을 맞을 준비로 분주하다. 장터 길 좌판엔 호두와 땅콩과 밤 등 오곡밥거리와 온갖 나무새들로 풍성하다. 나는 막사발에 맛깔스레 담아놓은 오곡밥거리와 견과류를 샀다. 정월 열나흘 날 저녁 영양식을 하고 이튿날 아침 부럼 깨기로 우리 민족 고유의 명절 대보름을 맞이하고자 해서다.

화창한 정유년 아침이다. 창가에 앉아 원두커피 향이 피어나는 따끈한 차 한 잔을 마주하니 어린 시절 내게 귀한 음식이었던 팥 시루떡이 생각난다. 뽀얀 살결의 후배 모습도 떠오른다. 언제 또 만날지 모를 기약 없는 후배에게 마음으로나마 편지를 쓴다. 미처 다 전하지 못한 말들을 푸르른 바람결에 띄운다.

추억의 장터 길

4일, 9일에 열리는 유성 5일장은 늘 풍성하다. 지리적 요건 상 충남 제일의 명산인 계룡산을 지척에 두고 있으며, 온천지로도 유명한 도심 속의 명품 시골장이다. 그 장터 길엔 친정엄마를 따라 나섰던 어릴 적 내 모습이 머물러 있다. 구수한 멸치국물의 잔치국수를 즐겨 먹던 추억의 거리이기도 하다.

장터의 하루는 언제나 어슴푸레한 새벽부터 시작된다. 가을이면 푸성귀들을 가득 싣고 아침 공기를 가르던 경운기 소리가 그치면 "싱싱한 무우사유, 배추사유"라고 외쳐대는 야채장수 아저씨의 외마디가 구성지다. 마치 소리꾼의 추임새처럼 들려온다. 그렇게 장터의 아침은 늘 생동감이 넘친다. 비릿한 바다 내음 가득한 생선전에선 40여 년 전 나의 초등학교 6학년 때의 소풍날이 떠오른다.

졸업을 몇 달 앞둔 어느 가을날, 초등학교 상급생들이 장항제련소로 졸업여행을 갔다. 귀갓길에 인솔 선생님을 따라 군산 수산시장 구경을 하게 된 것이다. 그곳에서 부모님이 주신 용돈을 몽땅 털어 싱싱한 고등어 두어 마리를 샀다. 그때는 지금처럼 먹을 게 흔치 않아 내심 온 가족의 보양식이 될 찬거리라 생각했던 것이다. 그 당시엔 먹고 살기 힘든 시절이라 생선이 밥상에 오르는 것은 대단한 호사였다. 특별한 반찬은 장날이 되어야만 구경할 수 있었기 때문이다. 더욱이 교통편이 없어 장터까지는 몇십 리 길을 걸어 나와야 했다. 그러니 내가 여행길에 사 온 고등어는 가족들에게 환대를 받기에 충분했던 것이다.

5일에 한 번, 장터의 풍경은 언제나 풍요롭다. 장사꾼들은 시장 골목골목마다 좌판 위에 푸른 꿈을 펼친다. 사람들은 저마다 장바구니에 무지갯빛 행복을 담는다. 5일장은 그렇게 각본 없는 드라마를 연출하곤 하는 날이다. 자연이 주는 진귀한 풍경에 이끌려 나는 장날이 되면 별로 살 물건은 없어도 장터 길을 기웃댄다. 그곳은 내게 세상 사는 이야기를 훈훈하게 들려준다. 허전한 가슴을 달래어 주기도 한다.

어언 30년, 장터 길에서 가게를 하고 있는 내게 유성 5일장은 특별하다. 그날만큼은 가게 손님 대다수가 농업인들로 마치 먹거리 시장을 연상케 한다. 언제부턴가 철 따라 야채들과 곡식 등을 가지고 나와 가게 앞에 좌판을 펴곤 한다. 그 농작물들을 팔아 머리 손질을 하기도 하니, 장날은 늘 잔칫날 같다. 소박하게나마 그들과 점심 식사를 함께하며 따뜻한 나눔의 정을 느끼곤 한다.

한 달에 대여섯 번씩 마치 조각보처럼 이어진 장터 골목은 그 골목마다 색다른 활력소를 제공해준다. 해질녘 한가한 시간이 되면 나는 습관처럼 시장 어귀를 향한다. 어린 시절 어머니를 따라 즐겨 찾던 국수집 대신 이제는 간식거리를 찾아 나선다. 적당한 크기의 떡가래를 되직한 반죽에 돌돌 말아 기름에 튀겨낸 가래떡 어묵꼬지야말로 그 맛이 일품이다. 재래시장에서만 맛볼 수 있는 별미인 것이다. 그 꼬지는 어느새 까다로운 내 입맛에도 안성맞춤의 간식이 되었다.

울긋불긋한 가로수 길을 따라 반백의 할머니들이 장터 한구석에 쪼그려 앉아 좌판을 펴고 있다. 누렇게 삭힌 고추 두어 사발 담아놓고 "지고추 떨이유"라고 외치신다. 천 원짜리 지폐 몇 장에 떨이한 지고추, 이내 내 장바구니에 안겨 젖은 몸을 뒤척인다. 파장 전 장바구니를 풍성하게 해주는 떨이의 묘미 또한 5일장이 주는 특별한 즐거움이지 싶다.

장터 길은 그렇게 옛 추억이 떠오르고 또 새로운 추억이 쌓인다. 먼 기억들이 소리 없이 달려와 이야기 마당으로 펼쳐지기도 한다. 어릴 적 장날이 되면 나는 곧잘 어머니를 따라 시장 구경을 하곤 했다. 그러던 어느 장날, 그날도 여느 날과 같이 따끈한 잔치국수를 기대하며 어머니 뒤를 따라 나섰다. 그런데 그날은 한사코 내게 오지 말라고 했다. 그런데도 고집을 부리고 동구 밖까지 따라나서자 어머니는 마구 내 종아리를 때리는 것이었다. 웃음까지 머금으시고 내게 얼른 오라고 해 단숨에 어머니 곁으로 달려갔는데, 그 웃음 뒤엔 호된 회초리 세례가 기다리고 있었던 것이다. 언제 싸리가지를 꺾어 놓았던지 말이다. 무슨 일이 있으셔서 그날은 나를 그렇게도 야속하게 따돌리셨을까 오랜 세월 뒤에 괜히 그것이 궁금해진다.

수십 년이 되도록 내 삶의 에너지원이 되고 있는 장터 길, 세월은 재래시장 문화에 많은 변화를 주었지만, 그 시장 인심만은 여전하다. 유성 5일장은 언제나 정겨운 풍경으로 나를 반겨준다. 장터 길은 그렇게 나의 어린 시절 애환이 서려 있는 곳이다. 건조한 삶을 촉촉이 적셔주는 푸근한 휴식처이기도 하다. 어느새 시장 어귀 노란 은행잎들이 우수수 떨어진다. 텅 빈 저녁의 장터처럼 가을나무들도 옷을 벗고 저물어간다.

하모니카의 추억

학창시절 친구로부터 선물 받은 하모니카는 나의 보물 1호로 늘 나를 그림자처럼 따라다닌다. 고향을 떠나 서울에서 자취생활을 하며 공부를 하던 시절이었으니 그때 내게 하모니카는 고향의 향수를 달래어 줄 수 있었던 최고의 친구였다. 허전한 마음을 달래주며 정신을 살찌게 해주는 것 중의 하나가 음악이라서인지 그때부터 나에게는 하모니카 연주가 특별한 취미생활이 되었다.

친구는 하모니카를 아주 잘 불었다. 그래서 나는 그 친구에게 하모니카 연주를 배우게 되었다. 그런데 친구는 가끔씩 자신의 애창곡이라며 '사의 찬미' 를 연주해 주곤 했는데 그 노랫말이 지금에 와서야 내 가슴에 와 닿으니, 아마도 그때 그 친구는 일찍이 타향살이로 마음고생을 많이 했던 것 같다. 무엇이 친구를 힘들게 했는지는 모르겠지만 말이다.

나와 같은 집에서 자취하던 이들은 대부분 학생들이어서 자취방은 하모니카를 배울 장소로는 마땅하지 않았다. 그래서 하모니카 연주 지도는 여름날 땅거미가 내리는 한강변에서 이루어졌다. 나를 위해 그 친구가 야외에서의 특별지도를 자처했던 것이다. 그렇게 친구에게 어렵사리 계이름만을 익힌 후에야 나는 비로소 왕초보 딱지를 뗄 수가 있었다. 틈만 나면 하모니카와 함께 한 덕분에 하모니카 연주 솜씨는 조금씩 늘어갈 수 있었다.

그 후 나는 하모니카를 가슴에 품고 다니며 독학의 길로 빠져들었다. 아무런 주법도 모른 채 열정만으로 하모니카 연주에 몰두했던 것이다. 악기가 내 곁에 있다는 것만으로도 큰 위안이 되었다. 얼마 동안 하모니카에 묻혀 고향을 그리워할 겨를이 없었으니 말이다. 오로지 '하면 된다.' 라는 신념이 끝내 악보를 보지 않고서도 그때의 애창곡이었던 '고향 생각' 을 연주할 수 있게 한 것이다.

그렇게 나의 하모니카 연주 실력은 나날이 향상되어 갔다. 그때 내가 연주할 수 있는 주법은 가장 기초적인 싱글 음이 전부였지만 여름밤이면 내 주위 친구들이 종종 나의 자취방 앞 미니 공원으로 모여들었다. 그리고는 나에게 하모니카를 연주해 달라고 졸라대곤 했다. 그러면 나는 못 이기는 척 거리의 악사가 되어 주었다. 서투른 솜씨로나마 '고향 생각' 을 연주해서 타향살이하는 학생들의 향수를 달래 주었다.

그러던 어느 여름밤의 일이었다. 그날도 나는 친구들을 대동하고 나의 자취방 앞 공원에서 '고향 생각'을 연주하고 있었다. 그런데 어떤 남자 한 분이 우리 주변을 맴돌았다. 그러더니 금세 아이스크림을 잔뜩 사 들고 왔다. 내 서툰 연주 솜씨로도 지나가는 사람들의 마음을 위로할 수 있었는지, 그 노래를 한 번 더 들려 달라고 했다. 그 곡조가 마치 자기 자신을 위해 지어진 것 같다면서 말이다. 달콤한 아이스크림을 공짜로 맛보게 된 나의 친구들의 환호성을 들으며, 하모니카를 연주했던 때가 엊그제 같건만 벌써 수십 년이 흘렀다.

꿈 많던 학창시절은 타향살이로 늘 내 가슴 한켠이 허전했었다. 하지만 하모니카로 인해 많은 위로를 받았었다. 수십 년이 지난 지금도 나 홀로 가게를 운영하고 있으니 손님이 없을 땐 외롭긴 마찬가지다. 그래서 두어 달 전부터 모 대학의 평생교육원에 나가서 다시 하모니카를 배우게 되었다. 하모니카 연주법을 보다 더 체계적으로 배워보고자 해서다. 그런데 무슨 주법이 그리도 복잡하던지 처음엔 재미있고 신기하기까지 했던 것과는 달리 시간이 흐를수록 내 머릿속이 캄캄해지기도 했다.

강의 첫날 지도교수는 자신의 애창곡인 듯 '일곱'이란 제목의 노래를 멋지게 하모니카로 연주한 후 이론공부에 들어갔다. 지금껏 나는 이론을 모르는 나 홀로 주법의 악사로 만족했었는데 이론이 머릿속을 복잡하게 했다. 그날 지도교수는 내가 미처 몰랐던 다양한 주법을 구사해 가며 하모니카 연주를 환상적으로 선보였다. 문득 수십 년 전 내 품에 하모니카를 안겨주고 자신의 애창곡을 애절하게 연주했던 그 친구의 모습이 떠올랐다. 그동안 익힌 새로운 연주법으로 연습하여 그 친구를 만나 함께 연주도 해보고 싶건만 친구의 소식은 들을 수 없어 아쉽기만 하다.

이제 막 하모니카 주법의 참맛을 느끼어 가는데 안타깝게도 종강할 날이 성큼성큼 다가오고 있다. 그런데 지도교수는 벌써부터 그동안 배운 주법을 다 구사해서 종강하는 날 연주할 자신의 애창곡을 준비해 오라고 한다. 내게 평생을 함께할 귀한 하모니카를 선물해준 옛 친구가 그리워서일까. 그 친구가 즐겨 부르던 '사의 찬미'의 선율이 가슴 속을 맴돈다.

화요사랑방

나는 매주 화요일엔 퇴근길을 서두른다. 공암리 마을회관에서 시작되는 풍물반에 참여하기 위해서다. 그곳엔 한 동네 살면서도 볼 기회 드문 얼굴들을 볼 수 있어서 좋다. 한 번도 본 적 없는 이웃 마을 분들과도 교류가 이루어지는 주민 화합의 자리이기도 하다. 그러니 그곳은 지역 주민이 자연스레 어우러지는 화요사랑방인 것이다.

배움의 자리는 언제나 화기애애하다. 모르는 것을 내 것으로 익히는 과정은 많은 수고로움이 따르지만 참으로 행복한 일이다. 흥미 있어서 열심히 할 수 있는 취미생활은 삶을 충만하게 해주는 보람된 것이다. 나이 듦의 여유로움일까. 나는 매주 화요일 풍물반에 갈 시간이 되면 손님도 뒤로 한 채 마을회관으로 향한다. 마음을 비우고 그 시간을 맞고자 해서다.

풍물반은 내가 사는 곳, 공주시 반포면 주민 자치 센터에서 운영

되고 있다. 예전과 달리 지금은 풍물반을 비롯해 난타, 노래 교실, 컴퓨터, 도자기 등 여러 종류의 다양한 프로그램이 진행되고 있다. 나와는 시간대가 맞지 않아 참여를 못 하는 관심 가는 프로그램도 없지 않지만 홍보가 덜 되었는지 주민들의 참여가 미비한 것 같다.

주민 자치 프로그램이 예전에는 지금처럼 활성화되지 않았다. 맨 처음 풍물반을 시작으로 그 이듬해부터 컴퓨터반이 있었을 뿐이다. 나는 퇴근 후 할 수 있는 풍물반이 종강하는 틈틈이 컴퓨터 공부도 게을리하지 않았지만, 처음엔 풍물반 장구를 배우게 되었다. 어쩌면 그땐 프로그램이 풍물뿐이었으니 선택의 여지가 없었던 것이다. 그때 아들에게 선물 받은 내 전용 장구가 있기에 지금껏 자연스레 풍물반에 참여하게 되는 것 같다.

바쁜 일상에 쫓기는 내게 주민 자치 프로그램은 특별하다. 그런데 얼마 전 풍물 강사의 부재로 컴퓨터 강의를 듣게 되었다. 풍물반 강사가 교통사고로 두어 달 병원의 입원을 했기 때문이다. 풍물반이 두어 달 휴강을 하며 나에게 뜻밖에 좋은 기회가 찾아온 것이다. 컴퓨터도 풍물과 같이 마을회관에서 강의를 하기에 그 환경이 낯설진 않았다. 다만 월요일부터 금요일까지 수업을 진행해 직입인으로서 부담스러웠다. 많은 것을 익혔지만 컴퓨터반은 풍물반 수강생에 비해 몇 명 안되어 배우는 입장에선 특혜를 누린 것이다.

나는 컴퓨터반 강사에게 행여 내가 수강시간에 도착을 못 하면 맨

뒤 자석에 노트북을 준비해 달라고 특별 주문을 했다. 시작이 반이라고 그렇게 두어 달간 또 다른 배움의 자리에 함께할 수 있었다. 나의 컴퓨터 실력이 왕초보 수준은 아니기에 가능했지 싶다. 어쩌면 컴퓨터반에 명단을 올린 만큼 마무리를 잘하고 싶었는지도 모른다. 강의는 총 8주지만 날마다 수업이 진행되었기에 컴퓨터와 스마트폰에 관한 여러 기능을 익힐 수 있었다. 배움의 열정을 꽃피우던 그 시간들이 내겐 꿈만 같았다. 삶의 새로운 영역을 덤으로 얻은 듯해 가슴이 뿌듯해진다.

요즘은 정보화 시대다. 우리는 날마다 새로운 정보를 접하는 스마트시대에 살고 있다. 나는 글을 쓰거나 요리를 할 때 종종 스마트폰으로 검색을 한다. 필요한 정보를 얻고자 지식백과 사전을 펴보는 것이다. 오늘날 스마트폰이 얼마나 편리함 걸어 다니는 백과사전이라고 했을까. 내 가게에도 인터넷이 없으니 스마트폰이 해결사이다. 그 작은 기기가 때로는 내 가게 손님들의 궁금증을 해소해 준다. 그러니 스마트폰이야말로 움직이는 서재이자 지식창고인 것이다.

어디 그뿐이겠는가. 그 지식백과 사전에 의하면 장구는 중국으로부터 들어왔지만, 고려와 조선시대를 거치면서 한국적인 악기로 발전했다고 한다. 예컨대 장구는 우리 민족이 즐겨 연주해온 대표적인 타악기로 기교적인 멋을 지닌 악기라고 칭한다. 인류 역사상 가장 오랜 역사를 지닌 악기라 하니 장구가 더 귀히 여겨진다. 다양한 몸짓으로 흥을 돋우는 소중한 놀이 기구다. 우리 고유의 악기인 장구는 배울수록 치는 법이 복잡하지만 말이다.

장구의 복잡한 기법을 얼른 익히고 싶어서일까. 몇몇 회원들은 매주 화요일 풍물 수업 후에도 이튿날 마을회관에서 연습을 한다고 한다. 그러나 나는 전혀 참여를 못 한다. 취미생활에 앞서 내 직업에 충실하고자 해서다. 연달아 일찍 퇴근을 하기엔 마음이 허락지 않는다. 배움의 길은 끝이 없지만, 연습을 못 해 좀 뒤처지면 어쩌랴. 어울릴 수 있음 그만이지라는 긍정의 힘이 너무 앞섰던 걸까. 요즘 나는 바쁜 일상을 핑계로 참여를 못 한 지 오래다. 그러나 마음만은 늘 화요사랑방을 향한다.

욕심의 끝

몇 년 전 가을 절친한 친구의 초대로 모 가수의 콘서트를 보러 갔다. 연주장소가 나는 한 번도 가본 적이 없는 충남대 정심화홀 이라서 더욱 가슴이 설레었다. 그것도 평소 내 처지를 잘 알고 있는 초등학교 동창생이 나를 위해 특별히 마련한 VIP석이었으니, 그날 나는 친구 덕분에 모처럼 폼 나게 음악회를 즐길 수 있었다.

아마도 수십 년간 가게를 운영하며 몇 년째 시어머니 병수발까지 하는 나를 생각해 그녀가 준비한 위로의 선물이었는지도 모르겠다. 음악회가 시작되자 나는 친구가 나 때문에 너무나 신경을 많이 쓴 것은 아닐지 내심 마음이 쓰였다. 그런데 친구는 그러한 나의 생각에는 아랑곳없이 곧 시작될 음악회에 마냥 들떠 있었다. 그래서 나도 잠시나마 무거운 일상에서 벗어나 그 분위기에 젖어 들고 있었다.

콘서트장은 많은 청중들로 후끈 달아올랐다. 오후 8시, 음악회 시작 시간이 되자 그저 바라만 봐도 마음이 편안해지는 모 가수가 청중들의 힘찬 박수 세례를 받으며 씩씩하게 등장했다. 마치 포크송의 여걸답게 자신의 히트곡을 그녀만의 특유의 음색으로 멋지게 선보인 후 마이크를 잡고 청중들을 향했다. 그리고는 "안녕하세요. Y입니다. 여러분 이렇게 만나 뵙게 돼서 반갑습니다. 사실은 어젯밤 잠을 설쳤습니다. 그런데 이렇듯 많이 찾아 주시다니 감사합니다." 그러면서 지금껏 대전에서 있었던 자신의 콘서트 중 최고로 많은 청중들 이라며 환한 미소를 지었다.

Y는 모 방송국의 인기 프로 '시골밥상'의 진행을 맡았던 유명인답게 음악회 내내 맛깔스런 말솜씨로 수많은 청중들을 압도했다. 어디 그뿐인가. 음악회가 서서히 무르익자 청중들을 향해 이색적인 이벤트 시간까지 마련했는데 첫 번째가 "가장 먼 곳에서 온 분은 어느 곳에서 오셨나요?"라는 물음이었다. 여기저기 객석에서 여러 사람이 손을 번쩍 들고 자신의 거주지를 외쳐댔다. "서울, 부산, 강원도, 제주, 캘리포니아" 등 그래서 결국은 미국의 캘리포니아에서 온 관객이 낙점되었다. 그런데 그 사람에게 Y의 시디를 주는 게 아닌가.

그 순간 나는 그 시디를 받아든 관객이 어찌나 부럽던지 음악회가 진행되는 내내 Y의 감미로운 음성이 담겼을 시디가 내 눈앞에서 아른거렸다. 그래서 어쩌면 나도 그 이벤트의 주인공이 될 수 있으리라는 기대감을 안고 음악회에 흠뻑 빠져들었다. 진정 음악이야말로 나의 피로한 정신을 말끔히 씻어주는 매개체라 생각하면서 모처럼 음악이 주는 환상적 분위기 속에 빠졌다. 세시봉의 멤버들과도 절친하다고 알려진 Y는 몸매만큼이나 풍부한 가창력으로 그렇게 나의 마음을 한껏 매료시켰다.

점점 콘서트장이 뜨거워지자 잠시나마 기분전환을 시키려는 듯 Y는 또다시 마이크를 잡았다. 그리고 다소곳이 무대 중앙에 섰다. 그리고는 두 번째 이벤트 시간을 가졌는데 실망스럽게도 가장 나이가 어린 관객을 찾는 거였다. 웅성웅성 아기엄마들의 함성이 나의 어깨 너머에서 왕왕 들려왔다. "다섯 살, 네 살, 두 살," 이라고 목청껏 외쳐대면서 말이다. 그래서 두 번째 이벤트는 두 살로 낙점되는가 했는데 어디선가에서 힘껏 외치는 한 마디가 "태아 석 달째예요"라고 했다. 그래서 두 번째 시디마저도 임산부에게 돌아가며 내 가슴엔 아쉬움만이 쌓여갔다.

그런데 기회는 전혀 예상치 않은데서 나에게 찾아 왔다. 음악회가 중반쯤 지나 절정에 이르자 마치 Y는 그 열기에 보답이라도 하려는 듯 또다시 마이크를 잡고 무대 한가운데 우뚝 섰다. 그리고는 세 번째로 관객들을 향해 "오늘 생일 맞으신 분 있으세요?"라며 예측불허의 물음을 던졌다. 그러니 이번에도 나에게는 전혀 상관없는 이벤트였다. 하지만 나는 그 시디를 꼭 갖고 싶었다. 그래서 어쩌면 나에게는 마지막 기회라는 생각으로 슬그머니 손을 들고는 "저요"라고 말했다. 마치 큰 죄라도 진 듯 기어들어가는 목소리로 말이다. 거짓말을 하려니 내 스스로 가슴이 콩닥거리는 게 잔뜩 주눅이 들었던 것이다. 그렇게 그 해는 내 생일을 아무도 모르게 몇 달 앞당겨 치루는 순간이었다. 그날 생일을 맞은 관객은 나를 포함해 총 세 명이었다. 그 경쟁자 중 내가 가장 연장자로 선정되어 마지막 이벤트 수상자 명단에 올랐다. 그런데 선물은 뜻밖에도 내가 그토록 고대했던 시디가 아닌 강원도 속초에 있는 모 테마호텔 무료 숙박권이었다.

시디만을 갈망했던 나의 소박한 마음을 알아차릴 리 없는 Y는 내게는 아주 특별한 선물을 안겨 주는 듯 하얀 봉투 속의 내용물에 관해 진지하게 보충설명을 하기 시작했다. "이것은 강원도 속초에 있는 모 명품 테마호텔 2박 3일간의 2인용 숙박권입니다. 주로 유명 연예인들이 많이 이용하는 아름다운 곳이니, 꼭 부부동반으로 가셔서 멋진 여행이 되길 바랍니다."라고는 그 티켓을 안내원을 통해 내 손에 꼭 쥐여 주었다. 그 순간 객석에서 부러운 듯 "우와"라는 환호성이 콘서트장에 뜨겁게 울려 퍼졌다. 그러나 나는 음악회가 끝날 때까지 그 시디 때문에 거짓말을 한 내 속내를 행여 나의 친구에게 들키지나 않을까 조심스레 친구의 눈치를 살펴야만 했다. 어느새 음악 속에 빠져들던 황홀한 마음도 구름처럼 흩어져 가버리고 있었다.

세 아버지

나에겐 세 분의 아버님이 계시다. 나를 낳아주신 아버지와 키워주신 아버지 그리고 내 삶에 새로운 창을 열어주신 시아버님이시다. 그러나 지금은 키워주신 아버지만이 살아 계시다. 낳아주신 아버지는 일찍이 세상을 떠나셔서 내겐 아무런 기억이 없다. 그래서 생전에 시아버님을 향한 내 마음이 더 각별했는지도 모른다.

내가 태어난 곳은 충청북도 청원의 외딴집이다. 지금은 유명 주류회사가 들어서서 내 고향집은 간 곳이 없지만, 그땐 사방이 산으로 둘러싸인 한적한 농가였다. 소달구지 덜컹대던 정겨운 산골이었다. 내 어릴 적, 별빛 쏟아지는 여름밤이면 할머니는 아랫마을 마실꾼들을 맞기 위해 분주했다. 할머니가 마당 한가운데 커다란 멍석을 깔으시면 여기저기서 마실꾼들이 모여 앉곤 했다. 나는 그 멍석 한가운데에 서서 빙 둘러앉은 청중들을 향해 노래를 부르곤 했다. 어머니가 가르쳐 준 그 무렵의 유행가로 작은 음악회를 열곤 했었다. 노래로 주목을 받으며 어른들의 사랑을 확인하고 싶었는지도 모른다.

일찍이 한학에 뜻을 두었던 내 친아버지는 조상 시제 때마다 축문을 도맡아 쓰셨단다. 집안 어르신들의 기대를 한몸에 받으며, 산골 아이들의 가르침에 앞장섰다고 한다. 그러나 그런 기대와는 달리 아버지는 짧은 삶을 마감하시고 지금은 나의 고향 땅 산기슭을 묵묵히 지켜 주신다. 아버지는 삼형제 중 막내로 태어났지만, 어머니와 결혼을 하신 후 구촌 할아버지께 양자를 가셨단다. 손이 귀한 집안이라서일까. 아버지 나이 서른 즈음 내가 태어난지 얼마 안 되어 세상을 등지셨다니 말이다. 그래서 내겐 아버지에 대한 추억이 없다. 아버지의 흔적이라고는 빛바랜 사진 한 장과 고향 땅에 홀로 남겨진 묘소 뿐이다. 얼굴조차 기억할 수 없는 아버지이지만 해마다 사월이 오면 언니네 가족들과 아버지 묘소를 찾아 한식 차례를 지낸다. 그러한 때, 일가친척들이 들려주는 생전의 아버지에 대한 이야기로 그리움을 달랠 뿐이다.

보릿고개 시절, 어머니의 재혼으로 내가 새아버지와 산 세월은 초등학교 들어갈 무렵 때와 결혼할 무렵이었으니 그리 오래 되지는 않는다. 그러나 그땐 나의 몸과 마음이 부쩍 커나가는 성장기였기에 추억의 책장엔 많은 기억들이 머물러 있다. 그 시절부터 일기는 나의 독백이었는데, 행여 누가 볼까, 일기장 갈피에 나뭇잎을 끼워 놓곤 했었다. 그런데 어느 날 그 나뭇잎이 자리를 벗어나 있었다. 내가 무슨 생각을 하고 있는지 궁금하셨던 나머지 어머니가 만든 사건이었다. 그래서 그때부터 나만이 알아볼 수 있도록 일기를 썼다. 그것은 누구나 쉽게 알 수 없는 시적 표현으로 오늘날 내가 시를 쓸 수 있게 된 밑거름이 되어 주었다.

우리 시대를 흔히 낀 세대라고 한다. 부모님께 마지막으로 효도하고 자식에겐 최초로 버림받는 시대라는 것이다. 나는 혼기가 차도록 결혼엔 영 관심이 없었으나 어머니의 채근으로 맞선을 보곤 했는데 첫째 조건이 당사자 아버지가 생존에 있어야 한다는 것이었다. 아버지에 대한 막연한 그리움 탓이었는지도 모른다. 그렇게 수차례 맞선을 본 끝에 지금의 남편과 인연을 맺게 되었다. 그리고 그것은 곧 부정이 목말랐던 내게 사랑을 흠뻑 주신 시아버지와의 인연의 시작이었다.

충남 공주에서 평생 농사를 지으며 고향 지킴이로 살다 가신 시아버님은 늘 술을 반주로 드실 정도로 애주가셨으며, 또한 농한기 땐 여행을 즐기시는 멋쟁이셨다. 당신은 집안 형편상 스무 살이 되기도 전에 지게를 지고 살았다며 평소 책을 가까이하는 나를 무척이나 좋아하셨다. 배움이란 죽을 때까지 해도 끝이 없는 거라며 내게 옛것과 현재의 것을 잘 아우를 줄 아는 삶을 살아야 한다는 당부의 말도 잊지 않으셨다. 풋내기 새댁에게 집안을 잘 이끌어줄 것이라는 믿음을 가져주셔서 기대에 어긋나지 않으려는 노력을 하게 해주셨다. 크고 작은 일에 칭찬을 아끼지 않으심으로 격려해주시는 것도 잊지 않으셨다.

이십오 년 전 그때 막 새집 지어 이사를 왔을 때의 일이다. 어느 여성잡지 시 공모전에서 내 졸작이 처음으로 입상의 영예를 안았다. 아버님은 그때도 내게 힘찬 박수를 보내시며 그 누구보다도 기뻐해주셨다. 그 시절 아버님은 동네분들과 친목계를 하셨는데 지금처럼 노래방 시설이 없을 때라 집에서 뒤풀이를 하시곤 했다. 손뼉을 반주 삼아 노래를 불렀는데 이웃집에서 모임이 있는 휴일날이면 뒤풀이 때 꼭 나를 데리러 오셨다. 며느리 사랑은 시아버지라더니 그렇게라도 며느리 자랑을 하고 싶으셨던 모양이다.

시아버님과 함께했던 십여 년을 추억해보면 따뜻한 사랑이 지금도 나를 감싸오는 듯하다. 내가 가게 손님 때문에 늦게 퇴근하는 날이면 늘 대문 밖에서 서성이시며 나를 기다려주시곤 했다. 너무 퇴근 시간이 늦어져 미처 저녁 문안 인사를 못 드리고 잠자리에 드는 날이면 이튿날 나를 혼내시며 걱정스러움에 한밤중에라도 현관에 나오셔서 내 신발을 만져보고서야 잠을 청했노라고 말씀하셨다. 그렇듯 내게 무한한 사랑을 쏟아주셨던 시아버님이 위암 말기라는 판정을 받던 날, 나는 마치 하늘이 무너져 내리는 것 같았다. 하염없이 쏟아지는 눈물을 억제하기 힘들었었다.

그렇듯 언제나 내게 든든한 버팀목이셨던 시아버님이 돌아 가신지도 25년이 되어간다. 몇 년 전 만학도로 학사학위를 받던 날, 나는 그 누구보다도 아버님 생각에 가슴을 적셔야만 했다. 고단했던 삶 속에서 일구어낸 학위증이기에 그 의미가 컸다. 그래서 맨 먼저 아버님 묘소 앞에 학위증을 바쳤다. 살아생전 배움에 대한 뜻이 남달랐던 아버님이셨기에 하늘나라에서도 누구보다 제일 기뻐해 주시리라 생각했기 때문이다.

결혼 전 남편은 두 아버지를 찾아 정중히 인사를 했다. 특히 돌아가신 아버지 묘소 앞에선 자식 노릇 잘하겠노라고 허리를 굽혔다. 고맙게도 자신의 다짐에 어긋남 없이 지금껏 아버지 산소를 잘 돌보고 있다. 천성이 착해서일까. 얼마 전엔 새아버지가 편찮으시자 담장 밑 가마솥에 장작을 지폈다. 처갓집이 두 군데라 바쁘다고 했던 푸념은 진심이 아닌 듯, 내 어머니와 여생을 함께하니 우리도 돌봐야 하지 않겠느냐며 손수 한우곰탕을 끓인 것이다.

남편이 끓여준 뽀오얀 곰탕 위로 남편에 대한 고마움의 정도 피어오르고 또 이제 더 잘 섬겨드리려 해도 이 땅에 더 이상 계시지 않는 시아버지의 따뜻한 마음도 떠오른다. 피는 물보다 진하다지만 결혼으로 인해 맺어진 부모 자식의 인연을 소중히 여기는 것은 오히려 더 귀한 일이 아닐 수 없다.

술의 미학

남편은 말수가 적은 사람이다. 함께 있어도 없는 듯 심심할 정도다. 그러나 취기가 돌면 곧잘 주위 사람들에게 웃음선물을 안긴다. 그러니 술이 아주 나쁜 것만은 아닌데 나는 술을 좋아하지 않는다. 평소 술을 즐기는 남편의 권유로 이따금 소주 한두 잔은 마시지만 즐기지는 못한다. 술에 약한 사람에겐 술은 독처럼 여겨질 때가 많은 것이다.

그런데도 그 술이 몇 차례 내게 아주 좋은 약이 되어 준 적이 있다. 언젠가 연속 한 달여간이나 심한 불면증에 시달렸던 적이 있었다. 그때 잠을 청해 보려고 이 방법 저 방법 쓰다가 묵은 포도주 한두 잔으로 잠을 청할 수가 있었던 것이다. 옛말에도 친구와 술은 오래 묵을수록 좋다고 하는데 해묵은 포도주는 오랜 친구처럼이나 편안하게 고통스러운 밤을 잠재워 주곤 했다.

또 한 번은 오래전, 내가 만학도의 길을 걸을 때의 일이다. 그때 나는 전공과목인 구비문학 과제물을 해야 했다. 구전되는 이야기 마당을 찾아 현장답사를 해야 했었다. 같은 과 학우들과 조를 짜 현장답사 후 대담자료와 함께 리포트를 제출해야 했다. 그러나 하루 종일 가게를 비울 수가 없었던 나는 멀리 가는 것이 부담스러웠다. 그런데 이리저리 궁리하다가 내 집 주변에 있는 탑할머니에 관한 이야기를 채집하면 되겠다는 생각이 들었다.

과제 내용은 현장답사 후 현장 촬영은 물론 마을신앙에 관해 이야기를 들려줄 대담자를 찾아 대담내용을 녹음하고 기록한 것과 녹음한 것 모두를 제출하는 것이었다. 과제 내용을 생각하면 머리가 복잡해졌지만, 그 채집 대상이 내 동네에 있으니 훨씬 마음이 가벼워지는 것이었다. 대담자를 찾는 것만이 큰 숙제였다.

며칠을 고민 끝에 대담자를 찾아냈다. 바로 옆에 있는 나의 남편이었다. 평생을 고향 지킴으로서 해마다 탑고사에 참여해온 만큼 탑할머니에 관한 대담자로서 아주 적격이라 생각되었다. 녹음에 들어가기 전 남편과 나는 예행연습을 해야 했다. 인터뷰를 하는 시간만큼은 우린 냉정하게 인터뷰 기자와 대담자의 관계가 되어야 했기에 무척 어색했다. 서로 얼굴을 맞대고 연기를 하려니 자꾸만 웃음이 쏟아져 나왔다. 너무나 긴장한 탓인지 말씨까지 어눌한 게 녹음이 잘되지 않자 남편은 내게 술을 마셔야겠다고 했다. 맨정신으로는 쑥

스러워 도저히 녹음을 못 하겠다고 하는 것이었다. 그래서 나는 끝내 술상까지 동원해야 했다.

그렇게 술상까지 동원했지만, 남편과 나는 주책없이 터지는 웃음 때문에 밤을 지새워야 했다. 그런데 어렵사리 완성한 그 과제물은 내게 큰 선물을 안겨 주었다. 놀랍게도 만점을 받은 것이다. 오랫동안 고향을 지키며 고향의 전설인 탑할머니께 드리는 탑고사를 관장했던 남편에게 공을 돌릴 일이었다. 그러나 어쩌면 술의 공이 더 큰 것인지도 모른다. 사람들이 서로 가까워지는 데도 술만한 것이 없고 어색한 자리에도 필요한 술, 어떤 때는 골칫거리가 되기도 하지만 그렇게 술은 내게 두어 차례 공로상을 받을만한 추억을 안겨주기도 했다.

먼 옛날 스파르타인들은 노예들에게 술을 많이 먹였단다. 만취한 노예들을 연회장에 끌고 다니며 청년들에게 구경을 시켰다고 한다. 술에 취하면 그렇게 된다는 교훈으로 삼고자 한 것이라고 했다. 술 때문에 생기는 화도 많지만, 술은 적당히 마시면 세상을 살만하게 해주는 윤활유 역할을 하니 '적당히' 라는 브레이크가 잘만 작동해 주면 좋겠다.

막걸리에 대한 추억은 항상 아련하게 소녀적 풍경과 겹쳐 떠오른다. 농번기 철이 되면 양은 주전자를 들고 동구 밖 주막거리를 향하곤 했던 길이 지금도 아련하다. 지금처럼 포장된 병으로 파는 것이 없었으니 주전자로 되박술을 사다 먹은 것인데 그것마저도 지금 생각하면 참 낭만적으로 기억된다. 목이 타면 주전자 뚜껑에 따라 한 모금씩 마시며 오가던 그 심부름길을 생각하면 지금도 살포시 웃음이 지어진다. 그렇게 몰래 마시는 한 모금의 막걸리는 꿀맛 같았던 기억과 함께 말이다.

일찍이 술로 불면증을 달랬었던 경험 때문일까. 해마다 나는 포도철이 되면 잘 익은 포도를 서너 박스씩 산다. 땅속 깊은 곳에서 샘솟는 청정수로 탐스런 포도송이를 깨끗이 씻어 소쿠리에 건져 놓는다. 물기가 쏘옥 빠지면 포도의 당도에 따라 설탕을 적당히 비례해 포도주를 담근다. 어느 연구 자료에 의하면 적포도로 담근 포도주야말로 건강에 최고라 한다. 혈액순환을 촉진하고 위장기능을 튼튼하게 할 뿐더러 심장병 예방 및 소화를 돕고 식욕을 돋우어 준다니 건강주로 으뜸이지 싶다.

나는 평소 술을 좋아하지는 않지만, 이따금 포도주는 약으로 생각하고 마신다. 위로주와 축하주 한두 잔은 혈관질환 예방과 치매 예방에도 매우 좋다고 하기 때문이다. 술은 때로는 서먹서먹한 인간관계를 친근하게 해주고 우울한 마음을 달래주고 어색한 자리를 풀어주고 하는 선에서만 끝날 수 있으면 세상에 술처럼 좋은 것이 어디 있으랴. 그리 생각하며 포도주 농익어가는 단지를 바라보니 마음이 뿌듯해진다.

옷방 이야기

– 손녀 첫돌을 기다리며

딸이 결혼하여 집을 떠난 후 딸이 쓰던 방을 말끔히 정리했다. 오래전부터 꿈꾸어왔던 옷방을 꾸미기 위해서다. 장롱 깊숙이 걸려있던 옷가지가 간추려져 수납장소로 자리했다. 애초에 그 방은 시부모님의 방이었다. 그러나 어머니 돌아가시고 이듬해 집수리를 한 후 딸아이 방이 되었다. 딸이 창 넓은 자기 방을 내 서재로 양보했기 때문이다.

방 정리와 옷 정리는 팔월 한가위 연휴가 지난 후부터 시작되었다. 딸아이 결혼 전 쓰던 방부터 이방 저방 옷 정리와 다용도실 세간살이를 정리하다 보니 한 주가 어찌 지났는지도 모른다. 퇴근 시간 후에야 정리정돈을 할 수 있었기에 새벽 한두 시에나 일손을 놓을 수 있었다.

몇 날 며칠 나는 수면 부족에 시달렸다. 급기야 출근 시간도 한두 시간이나 늦어졌다. 어떤 땐 가게 앞에 손님들이 먼저 와 나를 맞아

주었다. 넘쳐나는 게 미용실이련만 그리 기다려 주니 미안하고 고마웠다. 오랜 세월 단골손님이라 가능하였지 싶다.

이참에 집 안 구석구석 대청소를 했다. 가족들 옷가지며 손때 묻은 딸아이 교과서 등 세간살이까지 버릴 물건이 얼마나 많던지 어느 정도 정리를 하고 나니 마음이 가벼웠다. 어찌나 홀가분하던지 오래 묵은 체증이 싹 가시는 듯했다. 문득 법정 스님의 글귀가 떠오른다. 스님은 산문집 《버리고 떠나기》에서 이렇게 말한다.

'버리고 비우는 일은 결코 소극적인 삶이 아니라 지혜로운 삶의 선택이다. 버리고 비우지 않고서는 새것이 들어설 수 없다. 그러므로 차지하고 채우는 것은 어떤 의미에서 침체되고 묵은 과거의 늪에 갇히는 것이나 다름이 없고, 차지하고 채웠다가도 한 생각 돌이켜 미련 없이 선뜻 버리고 비우는 것은 새로운 삶으로 열리는 통로다' 라고.

나이 들어가면서 예사로 지나치던 글귀들이 가슴에 깊이 와 닿는다. 스님의 말씀처럼 버리고 비우니 옷방이란 새로운 명칭의 통로가 생긴 것이다. 오랫동안 잊고 살았던 딸아이 출생증명서와 예쁜 교복과의 만남이 무언가 알 수 없는 가슴 뭉클함으로 다가왔다. 고달팠지만 풋풋했던 내 젊은 날의 일상과 미술 분야에 빛을 발했던 딸아이 학창시절을 추억하게 한다.

딸아이는 며칠을 진통 끝에 제왕절개로 태어났다. 개인병원에서 대학병원으로 옮겨져 어렵사리 출산한 터이다. 그때 산부인과 주치의는 산모와 아이 둘 중 하나는 포기해야 한다고 했단다. 그런 위험부담 속에서도 모두 건강했다. 딸아이는 맑은 심성으로 무탈하게 잘 자랐다. 고교 시절 3년 내내 그림대회에서 크고 작은 상을 휩쓸었다. 각종 그림대회에 나가 한 번도 상을 놓치지 않았다. 종종 딸애의 수상 소식을 알리는 학교 정문 앞의 현수막이 우리 부부를 흐뭇하게 하곤 했다.

행복했던 그 시절을 떠올리며 딸아이 하복을 세탁했다. 우리 세대엔 누레진 상의에 남색 잉크를 사용했지만, 요즘 흔히들 쓰는 락스에 담갔다. 햇볕에 바짝 말리니 새하얗다. 옷걸이에 가지런히 걸어 놓으니 눈이 부셨다. 나는 간간이 옷방에 들어서면 딸아이 손길 깃든 교복을 마주하며 옛 추억에 젖어 들곤 한다. 가슴이 뿌듯해진다. 무료한 삶에 활력을 준다.

새롭게 꾸려진 옷방, 이제 채우기에 앞서 버리고 살아야겠다고 다짐해본다. 애초에 어머니 방이었던 그 옷방, 어머니 돌아가신 후, 방 정리 또한 함께 살아온 맏며느리의 몫이었기에 힘겨웠었다. 가재도구며 옷가지 등 어찌나 치울 것이 많던지, 엄두가 나지 않았다. 어머니가 세상을 떠난 긴 겨울날을 보내고서야 이듬해 봄날 정리를 했다. 어쩌면 어머니의 손때 묻은 물건들이기에 쉽게 버릴 수 없었는지도 모른다. 강산이 몇 번 변한 세월을 어머니와 함께한 만큼 허전함이 더 컸지 싶다.

누군가는 말한다. 옷은 인간의 역사라고 말이다. 그도 그럴 것이 그 옷방은 단지 우리 부부만의 공간이 아니다. 딸 내외와 아들 내외 옷가지도 자리하고 있으니 우리 가족의 역사가 흐르는 터이다. 머지 않아 겨울이 오고 새해가 밝으면 귀엽둥이 손녀가 첫돌을 맞으리라. 그쯤엔 사랑스런 내 첫 손녀에게 예쁜 한복 선물을 준비하리라. 귀한 손녀의 첫돌을 축하하는 마음으로 옷방에 화사하게 걸어놓으리라. 새하얀 눈꽃처럼 해맑은 손녀를 그리며 그날을 기다리리라. 2020년 1월 30일, 내 손녀 주원이 첫돌맞이 날을.

잃고 얻는 것

역사의 향기

계룡 터널을 지나 사찰로 향하는 길목엔 하얗게 핀 아카시아꽃이 바람에 몸을 들썩였다. 부드러운 바람결에 꽃향기가 사방으로 퍼져 가고 있었다.

석가탄신일을 맞아 개태사를 찾았다. 그 절은 내가 사는 공주 반포에서 이십 여분 거리에 있는 사찰이다. 충청남도 논산시 연산면 천호리에 자리한 개태사는 대전과 논산 간의 대로변에 위치해 있다. 초파일이지만 비교적 한산해 주차하기에도 편했다. 산사로 향하는 진입로가 그리 멀지 않아 전혀 부담감이 없었다. 일주문에 걸린 불기 2561년 이란 현수막이 먼저 나를 반겨 주었다.

그 절은 태조 왕건이 19년(936)에 후백제를 물리친 기념으로 창건한 사찰이라고 한다. 유서 깊은 사찰에 비해 규모는 작지만, 역사는 깊은 곳이다. 대웅전 앞 5층 석탑이 고려 때의 것이라니 그 탑 하나만으로도 사찰의 역사를 짐작할 수 있었다. 특히 그 절의 유물은 단연 철확으로 많은 사람들의 눈길을 끌었다. 고려 태조 왕건이 개태사를 짓고 하사한 솥으로 전해진다.

개태사엔 일찍이 5백 명의 승려들이 생활했다고 한다. 그때 사용했던 대형 솥의 크기가 그 산사의 옛 규모를 짐작할 수 있게 했다. 그러나 절이 쇠락하면서 그 솥은 대홍수로 떠내려가 하천가에 묻혀 있었단다. 오랜 역사만큼 사연 많은 가마솥은 벙거지를 제쳐놓은 듯한 모습이었다. 1981년 지금의 자리인 개태사로 옮겨 경내에 보관되어 있다고 전해지는데 마음이 씁쓸했다. 일제강점기 때 파손된 그 테두리 부분이 마치 내 살점이 떨어져 나간 듯 온몸을 으스스하게 했다.

파손된 가마솥의 사연은 이렇다. 일제가 무기제작용으로 철을 수집하기 위해 그 쇠솥을 부수던 중 천둥 번개가 치고 세찬 바람이 불었단다. 갑자기 날이 어두워져 도망치는 바람에 그렇게 보전됐는데 테두리 일부분이 그때 파손되었다고 한다. 그때가 제2차 세계대전 중이었다니 그 가마솥은 질곡의 역사를 고스란히 담고 있다고 하겠다. 통 큰 자비의 솥이어서일까. 1973년 12월, 충청남도 민속문화재 제1호로 지정되었다니 말이다. 그 큰 무쇠솥을 마주하니 감회가 새로웠다. 옛것을 소중히 여기는 마음이라면 그렇게 느끼는 것은 나뿐만이 아닐 터이다.

더욱이 개태사의 보물은 고려시대의 석조삼존불입상으로 보물 제219호라고 전해진다. 그 불상은 개태사 창건 해에 만들어졌다니 천년세월을 버텨 온 것이리라. 후삼국 통일을 이룬 의미의 장소로 태조 왕건이 이를 기념하기 위해 그 불상을 건립했다니 개태사는 분명 고려가 후백제로부터 항복을 받은 역사적 장소인 것이다. 투박하면서도 거대한 몸집의 삼존불상! 두툼한 복장을 한 그 불상은 고려 초기 새로운 양식의 특징을 보여주는 것이었다.

고려 왕업의 출발지인 천호산 개태사! 계백의 결사대가 신라군을 맞아 대적하던 황산벌! 고려 태조 왕건은 삼국통일을 하늘이 도와주심으로 이룬 것이라 여겼단다. 황산이란 산 이름을 천호산이라 고친 것도 그런 이유라는 것이다. 소박하지만 역사 깊은 개태사 답사를 마치고 기사를 자처한 남편과 함께 공주 계룡산에 자리한 신원사로 향했다.

신원사는 충남 공주 사곡면에 있는 마곡사의 말사라고 한다. 백제 의자왕 11년 (651) 에 열반종의 개산조인 보덕 화상이 창건했다고 전해진다. 따라서 보덕은 고구려의 고승으로 평양의 영탑사도 지었단다. 그 사찰 대웅전은 조선시대 무학대사가 중창하였지만, 임진왜란 때 소실되었다니 모진 세상살이는 산중에도 예외는 아니었나 보다. 현재의 신원사 건물은 1876년에 보연 화상이 중건하였고, 1906년 일봉 화상에 이어 다시 1946년 만허 화상이 중수해 오늘에 이르고 있다고 한다.

그 사찰이 자리한 계룡산은 원래 4대 사찰로 유명했다고 한다. 동서남북으로 동쪽엔 동학사, 서쪽엔 갑사, 남쪽엔 신원사, 북쪽엔 구룡사가 있었단다. 얼마 전 나는 공주 반포 상신마을에 있는 구룡사지를 답사했었다. 그런데 안타깝게도 절터만 덩그러니 남아 있었다. 널따란 그 절터가 큰 규모의 사찰이었음을 짐작하게 해주었다. 현존에 있는 계룡산의 3대 사찰 중 남쪽에 자리한 신원사! 그 절의 유형문화재로는 조선 말기에 지은 팔작집인 대웅전(제80호)과 신라와 고려의 양식을 띠고 있는 5층 석탑(제31호), 명성황후와 인연이 깊은 중악단(제7호)이 손꼽힌다. 대웅전은 임진왜란 때 소실되어 다시 지었다고 전해지는데 내부 향각의 불상은 명성황후가 봉안한 것이라고 해 황후를 뵙는 듯 마음이 숙연해졌다.

옛 백제의 수도였던 공주! 신원사를 빛내는 계룡산 중악단! 그곳은 대웅전 동쪽 50m 거리에 자리하고 있었다. 명성황후와 인연이 깊다고 해 저절로 고개가 숙여졌다. 조선 왕실에서는 일찍이 산신에게 제사를 지냈다고 한다. 전국에 제를 올릴 건물을 세우도록 했다는 것이다. 그래서 북쪽 묘향산엔 상악단, 중앙의 계룡산엔 중악단, 그리고 남쪽 지리산엔 하악단의 건물을 지었다고 한다. 그 세 곳 모두 조선과 조선 왕실의 안녕을 기원하는 제사를 지냈던 곳이라고 한다. 그러나 현재 남아 있는 건물은 계룡산의 중악단 뿐이라는 것이다.

원래 중악단은 태조에 의해 지어져 제사를 모셨지만, 효종 시기에 이르며 폐지되었다고 한다. 그런데 명성황후에 의해 다시 복원하게 되었다니 오늘날까지 황후를 기리는 마음이 어찌 크지 않았으랴. 그런 의미에선지 계룡산 중악단은 1999년 3월 초 보물(1293호)에 지정되었다고 한다. 오랜 역사들이 숨 쉬고 있는 계룡산이 유별하게 영험한 느낌으로 다가왔다.

내가 사는 곳과 그리 멀지 않는 개태사와 신원사! 아카시아꽃 휘날리는 국도변을 따라 뒤돌아오려니, 백제를 구하고자 신라의 5만 대군과 맞섰던 계백장군의 호령이 귓가에 들려오는 듯하다. 고즈넉한 숲길 따라 흐르는 물소리도 마치 명성황후의 기도 소리처럼 들려온다. 하늘의 구름도 두 손 모은 여인의 모습을 하고 있다. 나라를 위해 간절히 기도했을 황후의 넋인 양 흰구름이 유유히 계룡산 주위를 떠돈다.

파키라 인연

황톳빛 화분에 심어진 파키라 구근이 어느새 연초록 잎새를 피우고 있었다.

지난 4월 충남 태안 수선화 축제와 튤립 축제장에 갔다. 초등학교 동창생들이 승용차 두 대로 봄나들이를 했다. 목적지로 향하는 길목엔 가느다란 이슬비가 내리고 있었다. 우리는 여유로운 여행을 꿈꾸며 휴게소 안의 찻집에 둘러앉았다. 준비해온 간식을 나누어 먹으며 따끈한 커피 한잔으로 들뜬 마음을 달랬다. 소꿉친구들과의 여행이어선지 마음이 편인했다.

고속도로변 어여쁜 꽃들의 배웅을 받으며 목적지에 도착할 즈음엔 질척거리던 빗줄기가 사라졌다. 비가 내릴 거라는 일기예보와는 달리 날씨가 참 좋았다. 날씨마저 우리들의 봄나들이를 마음껏 축하해 주는 듯했다. 비가 온 뒤라 공기도 맑고 여행하기에도 최상의 날이었기 때문이다.

여행의 참된 벗은 경치가 아니라 즐거운 기분이란 말이 떠오른다. 가슴에 와 닿는 건 그때 내 마음이 그랬던 건 아닐까 싶다. 코흘리개 시절로 돌아간 양 저마다 핫도그를 손에 들고 꽃 축제장을 활보했으니 말이다. 어쩌면 서로 그 시절을 그리워했는지도 모를 일이다. 어느새 정년을 넘긴 까까머리와 단발머리 친구들의 머리칼이 바람결에 하얀 깃발처럼 휘날렸다. 훈장처럼 빛이 났다.

마침내 푸른 바다를 건너 들어선 수선화 축제장! 다양한 모습의 꽃들과 마주치자 나도 모르게 웃음이 나왔다. 몇 해 전 수선화에 얽힌 사연이 떠올랐기 때문이다. 꽃을 피우기 전엔 생김새가 풋마늘 같은 수선화! 그때 난 착각을 했다. 그래서 수선화를 뜯어 딸애가 좋아하는 풋마늘 왕새우 볶음을 해 아침상에 올린 것이다. 그렇게 나의 실수로 딸아이 출근길은 엉망이 되어버렸단다. 심한 구토로 죽을 병에 걸린 줄 알았다니 말이다.

여기도 저기도 꽃천지인 수선화 축제장은 화려했다. 전망대에 오르니, 마치 거대한 카펫을 깔아놓은 듯 눈이 부셨다. 우리는 다양한 꽃들로 수놓아진 꽃길을 거닐며 옛날을 이야기했다. 수줍은 여인의 모습을 한 온갖 꽃들의 모습을 스마트폰 카메라에 담았다. 그 수선화만 보면 지난날의 일화가 떠올라 저절로 웃음이 나오곤 하는데 위로라도 하는 걸까. 서로 등을 맞댄 꽃들이 연신 고개를 숙인다.

수선화 축제장을 휘이 둘러보고 나오려는데 출입구 쪽 한켠에서 다양한 꽃화분을 판매하고 있었다. 저렴한 가격대는 주로 백합과의 나리꽃이었는데 그 꽃의 이름도 여러 가지였다. 꽃이 하늘을 올려다보고 피면 하늘나리, 꽃이 땅을 내려다보고 피면 땅나리, 잎이 솔잎처럼 가늘면 솔나리 등 그 꽃의 종류도 다양했다. 나리꽃은 산과 들에서 흔히 볼 수 있어서인지 선뜻 마음이 가지 않았다.

봄나들이 기념으로 무슨 화초가 좋을지 고민하던 중 뜻밖의 화분이 내 시선을 끌었다. 그것은 파키라였다. 비록 구근이지만 그 판매점에 씌여진 '파키라' 라는 이름 석 자가 아득히 먼 세월의 강을 건너게 했다. 그 나무는 내가 오랜 세월 애지중지 키우다 잃어버린 것이었다. 그때가 엊그제 같건만 어느새 수십 년이 흘러버렸다. 누구나 탐을 냈던 파키라 나무는 오래전 유성 5일 장터길에서 구입한 묘목으로 강산이 변한 세월을 나와 함께 했었다.

그때 파키라 나무는 사랑을 듬뿍 받고 살아서인지 건강하게 잘 자랐다. 맵시 있는 몸매와 윤기 도는 잎새로 오가는 사람들의 시선을 사로잡았다. 그러니 나의 일과는 늘 파키라 나무를 살피는 일로 시작되었다. 잎새는 언제나 물수건으로 닦아주니 반짝였다. 나는 고객들의 칭찬에 부응하고자 날마다 몸단장을 해주었다. 그런 나의 지독한 파키라 사랑이 큰 화근이었을까. 어느 날 행방불명이 되어버렸으니 말이다.

그 파키라 나무는 유성 장날 장터길에서 구입했는데 공교롭게도 유성 장날 밤 사라진 것이다. 불과 몇십 분만에 바람처럼 사라졌다. 허망했다. 수많은 세월 함께한 파키라! 나는 혹 장난치느라 옆 가게 또는 그 옆의 옆 가게 사장님들이 숨겨 놓은 건 아닐지 찾아다녔다. 그러나 내게 들리는 건 나무를 너무나 탐나게 키워 놓은 결과라는 말뿐이었다.

내 가게 꽃나무는 예나 지금이나 화분 두 개다. 그중 고무나무는 몇십 년을 한결같이 내 곁을 지킨다. 그러나 잃어버린 파키라 나무 자리는 소철에 이어 벤자민 나무, 지금은 다육이 염좌가 지킨다. 나는 언제나 추운 겨울이 지나면 건강 관리상 나무들을 출입문 밖에 내놓는데 그 사단이 나버렸다.

초등학교 동창생들과의 이번 충남 태안여행은 의미가 깊다. 태안 꽃 축제 중 수선화 축제장은 튤립 축제장보다 규모가 작다. 그러나 나는 수선화 축제장이 더 기억에 남는다. 오랫동안 가슴에 묻고 살았던 파키라를 만나게 해 주었기 때문이다. 하루가 다르게 커가는 파키라 잎새들처럼 나의 파키라 사랑도 커져만 간다. 햇볕 드는 나의 집 현관 앞 돌계단에서 연초록 잎새를 피우고 있다. 관상용으로 으뜸인 파키라 배웅을 받으려니 문득 어느 산사의 글귀가 떠오른다.

만날 사람은 억지로 만나려 하지 않아도 만나진다며 그것이 인연이라 했는데 파키라는 정녕 나와 인연인 걸까.

당고모

국도변 산비탈에 무리지어 산수유가 피어있다. 경칩 지나 계룡산 남쪽 양화리 시당고모 댁 가는 길에 '영원불멸의 사랑' 이란 꽃말을 지닌 산수유는 올해도 한결같은 모습으로 봄의 시작을 알리며 꽃길을 연다. 차창 밖 수려한 풍광에 가슴이 설렌다. 자연은 참으로 신비롭다.

고모님 댁은 공주 반포에서 20여 분 거리에 있다. 백제의 고찰인 계룡산 연천봉 아래 신원사 근처에 자리 잡고 있는데 충남의 명승지로 살기 좋은 고장이다. 풍수지리에 조예가 깊은 고모부님은 당신 집터가 명당자리라고 하신다. 다복하게도 당고모는 슬하에 5남매를 두었는데 딸 둘은 결혼을 했고 3남매는 직장 따라 나가 사니, 둘만이 오붓하게 사신다고 했다.

남편 보다 몇 살 아래인 당고모는 막내 시조부님의 무남독녀이시다. 시아버님의 사촌 동생으로 생전에 아버님은 맏이인 내게 힘들게 살아온 당신 사촌 동생네 이야기를 하시곤 했다. 시조부님은 5형제로 둘은 딸만 하나씩 두었고 셋은 아들 하나에 딸들만 두었다니 손이 귀한 집안이다. 아버님이 독자라서 남편에겐 사촌이 없다. 그러나 아버님껜 사촌 남동생이 두 분이 계셨다.

그중 넷째 조부님의 아들인 당숙부만이 생존에 계신 데, 두 해전 충북 영동에 새 보금자리를 꾸리셨다. 내가 힘들 때 위로를 해 주셨던 당숙모님을 생각하며 한 달 전 충북 영동을 향했었다. 영동 당숙부 댁은 양지바른 산기슭에 자리하고 있었다. 생전에 아버님의 말씀처럼 집 안 구석구석 당숙모의 알뜰살뜰함이 엿보였다. 당숙모가 잘 들어와 집안을 일으켰다는 말이 빈말이 아닌 듯했다. 원래 당숙부네도 우리와 같은 지역에 사셨단다. 그러나 젊은 날 인근 도시에 정착해 사시다 두 해 전 주택 집을 지어 영동으로 이사를 하신 것이다. 어쩌면 불치병으로 세상을 뜬 당신 큰딸을 잃은 아픔을 잊고자 낯선 곳을 택했는지도 모른다.

평생 당숙모 가슴에 묻혀있을 큰아가씨가 액자 속 사진 주인공이 되어 말없이 바라보았다. 거실장 텔레비전 옆을 묵묵히 지키고 있었다. 자식들은 그 사진을 치우라고 하지만 그렇게라도 큰딸을 보아야 위안이 되신단다. 늘씬한 몸매만큼이나 마음 넉넉하고 정 많은 아가씨가 세상을 뜨기 얼마 전 당숙모와 함께 탐스런 딸기 바구니를 들고 내 가게에 찾아왔었다. 그땐 항암치료가 끝났다며 좋아지는 단계라고 했는데, 갑작스레 비보가 날아왔다. 일가친척들의 깊은 슬픔 속에 이별을 고해야 했다.

젊은 날 고된 일 때문에 다리가 많이 아파 인공관절로 사시는 당숙모님은 이따금 내가 안부 전화를 드리면 나더러 다리를 아끼라 하신다. 그렇듯 마음 써 주심에 나름 건강에 조심하게 되는데 아무리 수술이 잘 되어도 인공관절은 제 다리만 못하다는 뜻이 아닐까 싶어 건강을 더 챙기게 된다. 늘 배려와 격려를 아끼지 않으시는 당숙모님께 고개 숙여 감사드린다.

양화리 당고모도 두어 달 전 사촌 오빠인 영동 당숙부 댁을 다녀왔단다. 그러면서 다음엔 함께 영동에 가자고 했다. 젊어 고생은 사서도 한다고 했듯 고생 끝에 낙이 온다는 말은 당고모를 두고 하는 말 같다. 비록 종가의 맏이로 몸은 고달프겠지만 다복하게 사시는 모습이 좋아 보였다.

널찍한 마당에 여러 종류의 꽃나무와 과실수들이 울타리를 에워싸고 있는 그림 같은 그 집은 무릉도원이 따로 없었다. 머지않아 화사하게 꽃이 피면 장관을 이루리라. 애초에 당고모가 살던 곳은 지금은 재개발이 된 세종시란다. 촌동네 과수원집이었다고 한다. 그런데 몇 해 전 고향 땅 계룡산 기슭에 새 보금자리를 꾸려 금의환향했으니 감회가 새로웠으리라.

나는 젊은 날엔 바쁜 일상에 얽매여 집안 행사 때 거의 참석을 못 했다. 미용실의 일이 휴일날이 되면 더 바쁘다 보니 집안의 대소사엔 남편이 도맡아 다녔다. 그러니 양화리 당고모 얼굴은 서너 번 보았지 싶다. 하지만 오랜 세월 아버님을 통해 고모님의 성장 과정을 들어와서인지 친근하게 느껴졌다. 어쩌면 서로 맏이로서 고난을 이겨낸 공통점이 더 가깝게 느껴지게 하는지도 모르겠다. 그날 따뜻하게 맞아준 고모님과 고모부님의 환대에 고개 숙여 감사드린다. 언제가 될지는 몰라도 마음 한가로운 날, 함께 영동에 갈 날을 그려 본다. 그땐 금강변에 핀 이름 모를 꽃들도 달려와 반겨 주리라. 양화리 고모처럼 예쁜 미소로.

스치는 인연들

며칠 전 내 가게에 훤칠한 모습의 남성이 머리 손질을 하러 왔다. 짙은 선글라스에 편안한 옷차림을 하고 왔다. 범상치 않은 인상이었는데 로펌에 근무했다고 했다. 불혹의 나이가 되어가는 듯했는데 안타깝게도 아내와 사별을 했다는 것이었다. 사법고시 때 만나 사랑을 꽃피웠는데 암으로 세상을 떠났다며 긴 한숨을 내쉬었다. 책임질 아내도 아이도 없는데 돈이 무슨 필요 있겠느냐며 직장을 그만두었다고 했다.

대전엔 친한 친구를 만나러 왔다며 내게 구면이라고 했다. 예전에 내 가게에 온 기억을 되살려 찾아왔다니 답답한 마음 그렇게라도 덜어놓고 싶었던 걸까. 묻지도 않았는데 속내를 보이니 마음이 짠했다. 친구 퇴근 시간이 오후 6시라고 해 그에게 위안이 되지 않을까 싶어 계룡산에 자리한 신원사를 추천했다. 대전 유성에서 신원사 종점에 이르는 차편도 편리한 것 같아서 그곳을 추천해준 것이다. 어쩌면 또 그의 고향 집이 전남 해남 땅끝마을 대흥사 옆이라고 해 자연스레 산사를 안내했는지도 모른다.

“부인을 많이 사랑했나 봐요.”라는 나의 물음에 말없이 고개만 저었다. 잘못 한 게 너무 많아 마음이 무겁다니 자기 자신을 스스로 죄인이라 여기는 걸까. 누군가는 그랬다. 세상엔 두 종류의 사람이 있다고 말이다. 그중 하나는 자기 자신을 죄인이라고 생각하는 의인이고, 또 하나는 자기 자신을 스스로 의인이라고 생각하는 죄인이라는 것이다. 그러니 그는 정녕 의인인 걸까.

그가 출입문을 나서며 대전에 오면 또 들리겠노라고 한다. 내게 해남에 놀러 오면 대흥사 옆 찜질방에 와 꼭 묵어가라고 했다. 현재 영업 중이냐며 상호가 무어냐는 나의 물음에 어머니께 지어 드렸단다. 자식된 도리를 하고자 선물했다는 것이었다. 그의 마음 씀이 따뜻해서일까. 적막했던 공간에 온기가 도는 듯했다. 세상에 자신의 욕구를 어찌 다 채울 수 있겠는가. 누구든 자신의 꿈을 다 이룰 순 없을 것이다. 잊어버린 꿈과 잃어버린 꿈은 다르지 않은가.

문득 몇 해 전 제주에서 온 파마 손님이 생각난다. 불혹의 나이를 넘긴 듯한 남성으로 대전엔 여행을 왔다고 했다. 제주 서귀포가 고향으로 한라산 국립공원 지킴이라고 했다. 그곳 풍경을 담은 사진집 같은 ‘한라산 편지’란 책을 출간했다고 했다. 글 쓰는 사람이라는 공통점이 대화의 문을 활짝 열어 주었다. 그에게도 아픔이 있었다. 산악인이었던 동생이 세상을 떠나고 깊은 슬픔에 잠겨 있었단다. 그런 연유로 이직을 해 한라산 지킴이가 되었다는 거였다. 그렇게 그에게 닥친 예기치 않은 일이 인생행로를 바꾸어놓았다고 했다.

온라인을 통해 본 그의 에세이 집 '한라산 편지' 블로그가 눈길을 끌었다. 사진으로 보는 '한라산 편지' 란 문구가 마치 그의 음성처럼 들렸다. 마주한 듯 반가웠다. 네 아이의 다둥이 아빠로 알려진 그는 이미 제주에선 유명인사였다. 오랫동안 한라산 지킴이로 살아가고 있었다. 조난에 빠진 인명을 구하고 생태를 지키는 정의의 사나이였다. '한라산 편지' 는 제목처럼 그곳에서 일어나는 잔잔한 이야기들을 멋진 풍경 사진에 곁들여 묶어낸 책이었다.

'한라산 편지' 가 출간된 지 10년이 되었고 나의 시집이 출간된 지는 2년이 넘었으니 그와의 만남은 그리 오래되진 않았다. 내 시집이 출간되기 전이었으니 말이다. 그의 말대로 온라인 블로그에서도 그 이력을 쉽게 엿볼 수 있었다. 제주에서 태어나고 자란 그는 제주 토박이로 산악 전문 월간지 편집부 기자로 활동했다고 한다. 자신의 고향 제주 한라산 지킴이로서 꿈을 이루어가는 그에게 응원의 박수를 보낸다. 온종일 책상에 앉아있는 아이들을 위해 '한라산 학교' 를 세웠다니 얼마나 대단한 일인가. 자라나는 어린이들에게 큰 사랑의 선물일 것이다. 자연으로 들어가 몸과 마음의 건강을 회복시켜 줄 좋은 기회일 터이니 말이다.

'한라산 학교'의 목표는 단 하나 한라산 백록담 정복이라고 한다. 자격은 만 7세 이상으로 딱 한 달간인데 제주의 숲과 오름 또는 곶자왈과 계곡을 누비는 것이란다. 몸과 마음을 튼튼히 하려는 목적이라는 것이다. 마지막 날 모두 한라산 정상에 올라 '야호'를 외치면 '한달살이집' 수업 일정은 끝이라니 순수한 건강 프로그램인 것이다. 그 모든 과정을 완수한 어린이들에게 10만 원의 도전 성공 축하금이 주어진다니 등록금 10만 원을 고스란히 돌려받는 셈이다. 백록담 기념사진과 완주 증서까지 수여된다니 꿩 먹고 알 먹기 아니겠는가.

인연인 걸까. 내가 만난 사람들이 사는 해남 땅끝마을과 제주 한라산은 내 젊은 날의 추억이 깃든 곳이니 말이다. 나는 아주 오래전 제주여행 때 한라산 백록담 정상에 올랐다. 지인들은 첫 제주여행에서 한라산 정복을 했다고 무척 부러워했다. 어디 그뿐이랴. 야간열차에 몸을 실었던 해남 땅끝마을 해돋이 여행은 또 얼마나 가슴 벅찼던가. 풋풋했던 그때 그 추억이 날개를 단 듯 수채화처럼 펼쳐진다. 기분이 밝아진다. 조용히 눈을 감고 그때 그 시절로 돌아간다. 아련한 추억의 거리를 거닐고 있었다.

달콤한 휴식

열차에서 내린 나는 딸아이와 함께 제천역 광장에서 대기하고 있는 관광버스에 몸을 실었다. 가이드의 요청에 따라 "태백아 기다려라"라고 외치며 태백 눈꽃 여행길에 올랐다. 드디어 나는 오래전부터 마음에 품어 왔던 겨울날의 눈꽃 여행의 꿈을 이루고 있었다. 그것도 청양의 해를 맞아 딸아이와 오붓이 가슴 시리도록 새하얀 눈의 나라에 들어섰다.

목적지에 도착한 우리는 태백도립공원 입구의 위치한 소박한 어느 산골 식당에서 점심 식사를 했다. 강원도의 특산물이자 그 지방의 별미인 곤드레밥으로 허기를 달래고 석탄박물관으로 향했다. 그동안 나는 석탄에 관해선 연탄이 만들어지는 재료로만 알고 있었다. 그런데 그곳은 석탄산업의 변천사를 한눈에 볼 수 있도록 석탄에 관한 모든 것을 한 곳에 모아 놓은 곳이었다. 박물관의 면면은 옛 시절

광부들의 애환을 다소나마 피부로 느낄 수 있게 해주었다. 마음이 여유로워서일까. 제1 전시실 지질관을 시작으로 제8 전시실 지하 갱도 체험관을 둘러보기까지는 무려 한 시간이 넘게 걸렸지만 지루한 줄을 몰랐다. 우리 후세들에게 석탄산업의 이해를 돕는 학습장으로 더할 나위가 없어 보였다.

태백지역의 석탄개발은 1928년 일본인 지질기사 시라키다쿠지에 의해 시작되었으며 1936년부터 삼척개발주식 회사가 개발하기 시작했다고 한다. 그 후 석탄은 우리나라의 중요한 에너지원으로서 국가 경제발전에 크게 기여해 온 것이다. 그러나 언제부턴가 다른 에너지원의 개발로 그 수요가 급격히 줄어들어 귀중한 역사적 자료로만 머물게 된 것이다.

하지만 근래 들어서 다시 연탄은 서민들에게 다가와 특별 대접을 받고 있다. 고유가 시대에 겨울날 난방비 절감용으로 연탄이 귀하신 몸이 된 것이다. 그 석탄박물관에 재현된 연탄 사용법과 제조과정을 보니 1970년대 고단했던 내 젊은 날의 추억이 아련히 떠올랐다. 그때 나는 서울의 변두리 쪽방촌에서 자취를 했었다. 겨울철이면 아궁이에 연탄을 피워 음식도 만들고 난방도 했으니 살림에 익숙치 않은 젊은 나이로 그 고생은 말이 아니었다. 게다가 연탄 사고가 빈번하여 자주 신문에 비보가 나기도 하던 시절이었다.

내가 살던 자취 집은 여러 개의 방이 달린 집이었다. 방의 크기가 제각기 달라 홀로 독방을 쓰거나 두서넛이 사는 자취생들로 붐비었는데 그때 나는 그 집에서 가장 작은 방을 얻어 혼자 살았다. 요즘엔 난방이 대부분 도시가스라 편리한 요즘과는 달리 그 시절 나는 겨울철이면 아궁이에 쪼그려 앉아 연탄을 피워야 했다. 어쩌다 시간 조절을 못 해 연탄불이 꺼지면 다른 방 식구들에게 새 탄을 주고 타고 있는 탄으로 바꾸거나 번개탄을 피워 연탄불을 살려야 했으니 그 고초가 이만저만이 아니었다.

그러던 어느 날 밤의 일이다. 그날도 나는 연탄불을 꺼트려 번개탄을 피워야 했다. 너무나 피곤한 나머지 번개탄의 불이 제대로 연탄에 붙어 잘 피어나는 것을 기다리지 못하고 그만 깜박 잠이 들어버렸다. 그리고는 속이 매스껍고 현기증이 나서 방에서 간신히 기어나왔는데 가스를 마셨구나 싶었다. 그때 주인아주머니가 건네준 동치미 국물이 명약이 되어 주었다. 주인아주머니가 목숨을 살린 구세주가 되어 주신 것이다. 자칫 큰일 날 수도 있는 일이었지만 그마저도 낭만적인 옛 추억으로 되새길 수 있었던 것은 이제는 여유로운 마음으로 여행을 즐길 수 있는 시절이 된 덕이려니 싶었다.

그렇게 아련한 옛 추억을 되새기며 우리는 눈이 부시도록 아름다운 눈 조각 전시장을 휘둘러보고 오후 4시 너머 태백도립공원 입구에서 대기하고 있던 관광버스에 몸을 실었다. 충북 제천역에 도착했을 땐 어느새 땅거미가 내려앉고 있었다. 장날이 아니어선지 제천역

부근의 재래시장은 비교적 한산했다. 딸아이와 나는 그곳의 별미로 알려진 메밀 칼국수로 다소 이른 저녁 식사를 하고 대전행 열차에 올랐다. 어느새 차창 밖은 오색 불빛이 어둠을 훤히 밝혀주고 있었다. 태백 여행길에 산 곤드레나물과 이슬 송이버섯, 옥수수 막걸리 등으로 보따리는 거추장스러웠지만, 발걸음만은 한결 가벼웠다.

느린 열차를 타고 그토록 소원하던 태백 눈꽃여행을 마치고 돌아와 온 가족이 식탁에 둘러앉았을 땐 어느덧 시간은 밤 열 한 시를 가리키고 있었다. 가족 이래야 모두 세 식구라 아주 단출하지만, 태백의 특산물인 옥수수 막걸리와 이슬 송이버섯으로 무사 귀환 파티를 했다. 나는 평소 술은 잘 못 하지만, 가족의 화합을 위해 가끔 기꺼이 술자리를 벌인다. 그럴 때 따스한 가족애를 확인하며 기울이는 한 잔의 술은 생기를 불러 넣어 주는 보약과 같은 구실을 한다. 청양의 해를 맞아 딸아이와 함께한 태백여행은 곧 내겐 다시 한 해를 힘차게 살게 해주는 재충전의 달콤한 휴식이 되어 주었다.

땅나리 할머니

어버이날 여행을 갔다. 공암마을 어르신들과 주민들이 관광버스 두 대로 가게 되었다. 1호 차는 할아버지팀이었고 2호 차는 할머니팀이었는데, 나는 그중 땅나리 할머니가 타신 2호 차에 몸을 실었다. 땅나리 할머니란 애칭은 허리가 굽어 땅을 바라다보고 걷는 걸 보고 그리 부르게 되었다. 땅을 바라다보며 꽃이 피는 땅나리꽃을 비유한 것이다.

관광버스 출발 전 기사님은 유람선을 타려면 신원확인이 필요하다며 내게 명단을 작성해 달라고 했다. 에이포용지에는 이름, 주민번호, 전화번호를 적는 순으로 인쇄되어 있었다. 어르신들은 소풍가는 아이들처럼 곱게 옷을 차려입으셨다. 밝은 표정으로 주민등록증 또는 주민번호와 전화번호가 적힌 메모지를 내게 내밀었다.

대천 유람선 선착장에 도착하자 오전 11시가 되어 갔다. 유람선은 오전에 한 번 오후에 두 번으로 하루에 총 세 번 운행한다고 한다. 예정된 탑승 시간이 오전 11시라 곧바로 유람선에 올라야 했다. 나는 대천항 유람선 운행코스가 궁금해 스마트폰으로 검색을 했다. 대천항을 출발해 펭귄부부바위, 삼형제바위, 거북이섬 등을 휘이 돌아 대천항에 도착했을 땐 1시간 30분 소요시간으로 점심때가 되었다.

운행코스 안내 방송은 없고 가무만 무성했던 대천항 유람선! 아쉬움으로 남는다. 주메뉴가 빠진 듯 밋밋했다. 그러나 몸이 불편한데도 불구하고 흥겹게 노시는 어르신들이 계셨다. 내 부모님 같기에 위안이 되었다. 나는 평소 유람선 타는 걸 별로 좋아하지 않는다. 하지만 그런 내게도 무척 인상 깊었던 때가 있었다. 제주 서귀포 유람선으로 선장님의 입담이 구수했다.

어찌나 안내를 재미있게 하던지 탑승객 모두 웃음 보따리를 풀어놓아야 했다. 아름다운 휴양의 섬 제주! 내 눈앞에 환히 펼쳐진 푸르른 바다를 가르며 선장님의 안내 멘트도 한껏 무르익었다. 요즘 개그맨은 아무것도 아니었다. 저절로 웃음꽃이 다발로 피어났으니 말이다. 웃음이 보약이라더니 여행의 피로가 싹 가시는 듯했다. 제주는 일기변화가 심하다. 그런데 그날은 날씨도 한몫했다. 제주의 전복 물회처럼 신선했던 제주 서귀포 유람선! 나이 지긋한 그 선장님의 안내 멘트가 지금도 구수하게 내 귓가에 들려오는 듯하다.

점심 식사는 대천 바다를 끼고 있는 바다횟집에서 했다. 회를 좋아하지 않는 나와 그 누군가를 위해 해물거리를 준비해준 마을 임원진의 배려에 고마움을 전한다. 하지만 대천항 유람선에서 내려 한참을 걸어야 했기에 몸이 불편한 어르신들이 걱정되었다. 그 횟집은 좁다란 골목길을 지나 후미진 곳에 위치되어 있었으니 말이다. 마을에서 치러지던 어버이날 잔치 대신 한 봄나들이! 나도 가게 문을 닫고 합류했다. 한 동네 살면서도 볼 기회 없는 어르신들을 뵐 수 있었기 때문이다.

그렇듯 오랜만에 뵙는 어르신들 중 땅나리 할머니는 새댁시절 내가 살던 돌담 집 이웃사촌이시다. 새집 짓고 이사 온 지 삼십 년이 가까워지니 강산이 변한 세월만큼 이웃에 살았다. 옛정 때문인지 반가웠다. 땅나리 할머니께 더 마음이 갔다. 살기 좋은 내 고장 충남, 내가 사는 공암마을에서 가장 가까운 거리의 대천 바닷가! 그곳에서 유람선을 타고 점심 식사를 마친 후에야 예당호 출렁다리로 향했다.

충남 예산의 예당호 출렁다리는 국내에서 가장 긴 402m의 현수교로 지난달에 개통했다고 한다. 곧게 하늘로 솟은 주탑을 중심으로 마치 거대한 새가 휘 날개를 펼치고 호수 위를 비상하는 듯했다. 예산 지역의 새로운 명소로 떠오르고 있었다. 어르신들과의 동행이라서 전망대엔 오르지 못했다. 그러나 마을분들과 함께 할 수 있어서 마음 푸근했다. 좋은 추억으로 기억될 것이다.

대천에서 예산까지 이번 어버이날 봄나들이는 오랫동안 뵙지 못

했던 어르신들을 뵐 수 있어서 참 좋았다. 새댁시절 이웃사촌이었던 땅나리 할머니와도 동행할 수 있어서 마음 뿌듯했다. 7남매 맏이로 시집와 모든 게 어설프고 힘겨웠던 시절, 땅나리 할머니는 내게 이렇게 말했다. "시아버지가 며느리 보면 시어머니와 의견 충돌이 있을까 걱정 많이 했는데, 아무 소리 없이 사는 걸 보니 며느리 마음이 넓은 것 같다."고 한 것이다.

그 말 한마디가 지금껏 가슴 속에서 지워지지 않는다. 엊그제처럼 생생하다. 어쩌면 젊은 날 땅나리 할머니의 그 같은 말씀이 있었기에 더욱 마음 넉넉히 지금의 자리에 이른지도 모르겠다. 가냘픈 듯 하면서도 강인한 꽃, 신이 내려준 신비한 매력의 땅나리꽃! 그 꽃만 보면 땅나리 할머니가 생각난다. 오래도록 기억될 것이다.

추억의 콘서트

내가 본 영화 중 가장 기억에 남는 영화는 '라스트 콘서트'이다. 그 영화는 20대 초반의 내 가슴 속 감성을 한껏 자극한 영화다. 영화의 주 무대는 프랑스의 아름다운 수도원 몽생 미셸로 시한부 선고를 받은 소녀와 슬럼프에 빠진 40대 피아니스트의 슬픈 사랑을 그린 영화다. 1970년대 후반 전 세계 연인들의 가슴을 울린 명작으로 손꼽힌다. 감미로운 음악과 함께 싱그러운 숲속을 거니는 소녀의 모습이 오래도록 기억에 남는다.

누군가 영화는 빛의 음악이라고 했던 말이 생각난다. 그 영화를 접한 지 몇십 년이 지난 지금도 푸르른 숲길만 보아도 가슴이 뭉클해지곤 한다. 나는 1970년대 초 후반을 서울에서 보냈다. 일찍이 부모님 슬하를 떠나 타향살이를 했다. 그러던 어느 날 오랜만에 종로 어느 찻집에서 어릴 적 친구를 만났다. 그런데 뜻밖에도 옆 테이블

청년들과 미팅을 하게 되었다. 그 청년들은 경상도 출신으로 서울엔 군 입대를 위해 교육을 받으러 왔는데 얼마 후 의무관으로 임관될 예정이라고 했다.

우리는 그렇게 자연스레 합석을 했다. 그리고 그때 마침 개봉한 영화 '라스트 콘서트'를 함께 감상했다. 영화 보고 밥 먹고 드라이브하고 그 시절 데이트 코스도 요즘 세대와 별반 다르지 않았던 것 같다. 그날 3차로 향했던 서울 북악 스카이웨이는 환상적이었다. 그곳은 서울의 명소로 온통 나무로 둘러싸여 공기가 맑을 뿐더러 데이트 코스로도 으뜸이었다. 지금은 먼 추억이 되어버린 그 영화 속 숲길과 북악 스카이웨이는 지금껏 내 가슴 속에서 지워지지 않는다.

서울 북악산 자락에 있는 북악 스카이웨이는 관광도로로 1960년대 후반에 개통되었다고 한다. 구불구불한 나선형으로 이루어진 도로변에는 서울의 옛 성터 지하문과 팔각정 등 수려한 곳이 많아 유람지로도 손꼽힌다. 서울 시내 전경을 한눈에 내려다볼 수 있어서 연인들의 드라이브 코스로 유명한 곳이다. 그렇듯 멋진 명소가 내게 좋은 추억으로 남아 있으니 그 또한 축복된 삶이지 싶다. 그 시절 우리는 가난했지만, 마음만은 풍요로웠기에 지금 젊은이들에게는 별거 아닌 것들조차 소중하고 귀한 보물처럼 생각되는지 모른다.

나는 이따금 삶이 무료해지면 풋풋했던 그 시절을 거울삼아 오늘의 내 자신을 비추어 본다. 그러면 금세 정신이 맑아지면서 삶의 활기가 생긴다. 나의 가장 푸르렀던 시절 그들과 함께했던 그 영화의 테마곡이 귓가에 들려오는 듯 저절로 콧노래가 나온다. 마치 북악 스카이웨이에 올라 서울의 야경을 내려다보는 듯 마음이 후련해진다. 그렇게 내 가슴 속에 담겨진 순수했던 추억을 남몰래 꺼내어 보노라면 마음은 어느새 행복감으로 충만해진다. 그러면 이내 지루하게 느껴지던 삶이 새롭게 활기를 찾는다.

그래서 나는 행복은 좋은 추억을 쌓아가는 것도 행복할 수 있는 자산이라고 생각한다. 기분 좋게 상기되는 지난 추억들이 많아서 나는 부자인 것처럼 든든하고 내 삶이 그로 인해 과분하게도 느껴진다. 어느새 7월이다. 무덥고 지루한 장마철이다. 올핸 다소 늦은 마른장마라고 하더니 아침부터 비가 내린다. 강한 바람을 동반한 장대비가 쏟아진다. 따끈한 차 한 잔이 그리워지는 시간이다. 빗방울 떨어지는 창가에 앉아 찻잔을 마주하니 문득 그 영화 속 소녀와 내 어릴 적 친구의 모습이 겹쳐진다.

그녀와 나는 초등학교 시절 단짝이었다. 눈만 뜨면 늘 붙어 다녔다. 그러나 그녀는 새어머니 밑에서 고달픈 삶의 연속이었다. 농번기 때 학교에서 돌아오면 남새밭 풀을 뽑아야 했고, 농한기인 겨울밤이면 안방에 군불을 지펴야 했다. 당신 방이 춥다며 한밤중에도 아궁이에 불을 때라고 불호령을 내렸으니 전래 동화 속 계모가 따로 없었다. 비슷한 환경이어서일까, 그 시절 나는 친구의 일손을 거들기도 했고, 그 친구와 잊지 못할 추억을 공유하며 씩씩하게 초등시절을 보냈다.

초등학교 졸업 후 그녀는 줄곧 서울에서 살고 있다. 같은 서울 하늘 아래에서 함께 공유했던 1970년대 초 후반 이후엔 서로 다른 지역에서 새로운 삶을 꾸려가고 있다. 20대 후반, 그녀는 서울에서, 나는 한적한 시골에서 제각기 신접살림을 차렸다. 얼마 후 우리는 똑같이 슬하에 남매를 두었다. 그리고 마치 약속이라도 한 듯 몇 해 전 아들을 먼저 결혼시켰다. 이제는 서로 딸만 데리고 사는 것도 공통점이다.

새어머니 밑에서 어릴 적부터 농사일을 힘겹게 거들고 살아서인지 그녀는 지금도 서울이 좋다고 한다. 그러나 나는 시골이 좋다. 아침에 창문을 열면 산과 들녘이 훤히 내다보이는 지금의 안식처가 마냥 좋다. 간간이 자연의 소리를 들으며 친구와 함께했던 그 영화의 테마곡에 빠져들곤 한다. 세월 가는 것이 아쉬운 나이라서인지 요즘 부쩍 하루하루가 더 귀히 여겨진다. 먼 기억 속의 영화처럼 어쩌면 지금의 내 삶이 곧 내 생의 '아름다운 콘서트' 가 아닐까 싶다.

남원에서 거제까지

가슴 부풀었던 1박 2일간의 남해안 여행을 마치고 집으로 향하는 길목은 나에겐 만감이 교차했다. 그날 여행길에 올랐던 계룡산 친목회원은 총 이십여 명으로 계룡산을 지척에 두고 사는 남편의 선후배들이다. 대부분 지역 내 주민들로 고향을 지키고 산다. 남편보다 한참 위아래의 연령대도 있어 나이 차가 있지만 별로 세대 차는 못 느낀다. 1박 2일간의 짧은 여행이었지만 많은 걸 보고 느낀 여행이었다. 사실 나는 여행길에 오르기 전 '지리산과 통영, 거제도와 외도'라는 1박 2일간의 여행일정표를 받아들고 내 나름 많은 고민을 했었다. 지난해 우리 국민을 가장 슬프게 했던 세월호가 떠올랐기 때문이다.

하지만 그런 나의 걱정과는 달리 외도 보타니아 관광을 하던 날은 무척이나 날씨가 화창했다. 그러나 그날 가이드는 행여 오후에 일기

변화가 있을지 모른다며 서둘렀다. 그래서 우리는 일찍이 아침 식사를 마치고 구조라 선착장에 도착했다. 그렇게 탐승객을 태운 유람선은 거제의 푸른 물결을 유유히 헤쳐나갔다. 얼마 후 끊어질 듯 이어져 있는 해금강에 이르자 기암괴석의 절경에 저절로 환호성이 터졌다. 나도 모르게 자연이 주는 선물에 흠뻑 빠져들었다.

경상남도 거제시에 위치한 외도는 바깥섬 이라는 뜻이라고 한다. 거제사람들은 외도를 내도와 함께 연인섬, 또는 형제섬이라 부른단다. 황량한 외딴섬이었던 그곳이 오늘날 해상식물공원으로 변신을 하기까지는 설립자인 이창호 선생과 그의 아내의 피땀 어린 노고가 깃들어 있다고 한다. 부부는 평생의 세월을 외도에 쏟아부었단다. 밀감농장과 돼지농장 등의 거듭된 실패 후 해상식물공원으로 결실을 보았다니 본인들의 고생이 밑거름이 되어 많은 사람들이 자연의 아름다움을 누리게 된 곳이었다. 신비의 섬 외도, 그곳엔 희귀한 아열대 식물은 비롯해 수 백 종의 식물이 아름드리 가꾸어져 있다. 그러나 일부 희귀식물들이 인위적 기교가 더해져 있었다. 자연미를 잃고 있어 아쉬움이 컸다. 하지만 환상적인 해상식물공원으로 손꼽힐 정도로 키워놓았으니 인간승리의 현장이라 해도 과언이 아닐 것이다.

설립자 이창호 선생과 외도와의 인연은 1969년도로 거슬러 올라간다. 그의 나이 삼십 대 중반 때의 일이다. 어느 날 그 섬으로 낚시를 갔는데 태풍을 만나 하룻밤 민박을 하게 되었단다. 그것이 인연이 되어 3년 후 섬 전체를 사들였다고 한다. 평안남도가 고향인 그는 갈 수 없는 고향을 그 섬에 만들겠다고 결심을 했단다. 그 이후 수십 년간의 부부의 끊임없는 노력으로 오늘날 세상에서 가장 아름다운 섬인 거대한 화원이 탄생한 것이다.

지난 봄 남해안 여행 중 처음 가본 곳이 나에겐 그 섬만이 아니었다. 여행 첫날 첫 코스는 문화유적지로 유명한 남원의 광한루였는데 그곳은 광한루원을 중심으로 춘향관과 월매집, 오작교 등이 아기자기하게 꾸며져 있었다. 모처럼 정감 있는 명승지를 휘둘러보고 이동한 관광버스는 굽이굽이 산비탈을 따라 단숨에 지리산 성삼재를 올랐다.

지리산은 글자 그대로 '지혜로운 이인의 산'이라고 한다. 금강산과 한라산과 함께 삼신산의 하나로 민족 신앙의 영지였다고도 한다. 우리는 바쁜 일정을 쪼개 노고단 등반길에 나섰지만 시간 관계상 노고단 정상을 눈앞에 두고 하산해야 했다. 정상에 오르지 못한 게 못내 아쉬웠지만, 다음 답사지에 만족해야 했다. 전라도와 경상도가 만나는 화개장터로 이동하는 섬진강변은 마치 한 폭의 거대한 풍경화를 펼쳐 놓은 듯 아름다웠기 때문이다.

어느 가수의 노래 제목으로도 유명한 화개장터에서 우리는 그 지방의 별미인 재첩 회덮밥을 맛있게 먹었다. 그 후 이동한 곳은 몇 해 전 작고하신 대하소설 '토지'의 작가 박경리 선생의 고향인 통영이었다. 나들이를 하기에 좋은 봄날이어서일까. 하동 화개장터에서 통영으로 이동하는 내내 교통체증이 무척이나 심했다. 통영 케이블카 탑승장에 도착했을 땐 어느덧 해가 기울고 있었다. 서둘러 케이블카에 몸을 싣고 케이블카 창밖으로 내려다본 통영 한려해상의 푸른 바다는 신비로웠다. 무어라 표현해야 할지 모를 정도로 가슴이 먹먹했다.

그날 일정이 바빠 우리나라 100대 명산으로 알려진 그곳 통영 미륵산 정상은 오르지 못했다. 그러나 그 산 중턱엔 시 '향수'로 유명한 정지용 시인의 글귀가 내 눈길을 사로잡았다. 시인의 수필 '통영 5' 중에서 '통영과 한산도 일대의 자연미를 나는 묘사할 능력이 없다.' 고 극찬한 시인의 말처럼 나모 모르게 한려해상의 풍광에 마음을 몽땅 빼앗겼다. 수려한 몸짓으로 누군가를 향한 알 수 없는 그리움의 감정 같은 것을 샘솟게 하기도 했다.

그 후 우리는 가이드의 안내에 따라 거제 구조라 선착장이 가까운 거제 티파니 리조텔에서 여장을 풀었다. 리조텔 내 식당에서 석식 후 가진 쫑파티장은 그 건물 내 대형 노래방이었는데 근사한 파티장으로 충분했다. 회원 몇은 한 잔 술에 취한 듯, 마치 무도장에 온 것처럼 춤솜씨를 뽐내기도 했다. 그날 밤 잠자리가 낯설어서였는지 여행의 설레임 때문이었는지 아니면 이튿날 배를 타야 한다는 부담감이 컸던지 나는 쉽게 잠들지 못하고 그 밤을 하얗게 밝혔다.

그러나 그런 나의 상황과는 달리 외도 가는 날은 날씨가 활짝 개어서 무척 좋았다. 바람도 비켜선 최상의 날이었다. 외도 답사 내내 다양한 식물들과 자연의 아름다움에 감동되어 모든 일상사를 잊을 수 있었다. 기대했던 것보다도 더 외도 보타니아 관광은 내 가슴에 진한 여운을 남겼다. 가이드의 세심한 배려로 거제 해수온천체험까지 할 수 있어서인지 귀갓길엔 잠이 쏟아졌다. 여로의 피로가 싹 가시는 듯했다.

고란사의 종소리

모처럼 홀로 맞은 휴일, 집에 있으니 깊은 산속에 와 있는 것 같다. 지금껏 살아온 거주지지만 느낌이 사뭇 다른 건 아마도 나만의 공간이 주는 편안함 때문인지도 모른다. 내가 사는 곳은 경관이 수려하다. 계룡산이 훤히 내다보이는 공기 맑고 인심 좋은 곳이다. 사방이 산으로 둘러싸여 있어 아늑할 뿐더러 둑길 옆 용수천이 상큼한 콧노래를 들려주니 힐링하기에도 손색이 없다.

남편이 집을 비운 오전 7시 이후 원고 정리를 하다 보니 12시가 되어갔다. 나만의 시간을 만끽하고자 씻지도 먹지도 못했는데 점심 때가 되어버린 것이다. 아침 겸 점심 식사를 간단히 마치고 용모를 단정히 했다. 보아주는 이 없어도 내가 나를 대접하고자 하는 마음에서다. 한 번뿐인 소중한 내 인생이지 않은가.

마당가 목련꽃 아래서 트롯트 두어 곡 흥얼거리려니 문득 '고란사의 종소리가 들리어 오면' 이란 유행가 한 소절이 떠오른다. 백제의 전설이 깃든 "백마강" 이란 제목의 노랫말이다. 요즘 방송가에 화제의 프로그램인 미스트롯이 생각나 스마트폰 유튜브로 듣게 된 것이다. 지난해 여름 나는 부여 문화유적지인 고란사를 찾아 그동안 노래로만 듣던 고란사의 청아한 종소리를 남편에게 들려주었다. 종의 종류는 다를지 몰라도 종소리에 의미만은 다르지 않기에 우리 가족의 안위를 기원하면서 말이다.

고란사 영종각의 종은 누구나 자유롭게 칠 수 있었다. 영종각 입구에 안내 문구가 자세하게 씌여 있었다. 재시도 자유라지만 부처님께 축원 드리듯 내 마음을 담아 보시를 했다. 그렇게 타종식을 마치고 발길을 돌리려는데 범종 위 지붕 안 문양이 내 시선을 사로잡았다. 은은하게 풍기는 색감이 어찌나 아름답던지 내 발걸음을 멈추게 했다. 더욱이 좌측 극락보전 처마 밑에 덩그라니 매달려있는 종, 그 종은 일찍이 유행가 가사로 유명세를 많이 타서인지 세월의 더께가 싸여 있는 모습이었다.

지난해 여름 나는 남편과 함께 백제의 역사가 살아 숨 쉬는 부여 문화유적지 답사를 했다. 백제 고도의 부여는 몇 해 전 유네스코 세계 문화유산에 등재된 곳이다. 역사적 가치가 한껏 높아진 것이다. 부소산성에 위치된 '고란사' 는 마곡사의 말사로 백제 말기에 창건된 것으로 추정된단다. 그 절은 더욱이 1980년대 중반 즈음 충청남도 문화재 제98호로 지정된 곳이라고해 충남도민으로서 자부심을 갖게 되었다.

고란사는 부소산 북쪽 백마강변에 자리하고 있었다. 그 절 이름은 '고란초 자라는 절' 이란 의미로 지어졌다고 한다. 또한 절 뒤편 암벽에서 난초가 자라는데 약수가 고여 있는 곳을 '고란정' 이라고 부르고 있었다. 암벽을 타고 내려온 그 물을 마시면 3년은 더 젊어진다고 해 신기했다. 나는 갈증이 난 참에 시원한 약수로 목을 축였다. 누가 볼까, 도둑고양이처럼 슬그머니 생수병에 물을 채우고서야 낙화암으로 향했다.

그러나 낙화암 위 백화정도 법당처럼 수리 중이었다. 그래서 백제 여인들에 추모의 장소로 꾸며진 정자엔 오르지 못했다. '낙화암' 이란 바위 절벽에 새겨진 조선시대의 대학자인 우암 송시열 선생의 글귀를 보는 것으로 만족해야만 했다. 삼천궁녀가 몸을 던진 전설의 낙화암! 그 바위도 내 마음처럼 숙연한 모습으로 백마강을 내려다보는 듯했다.

고란사는 내가 사는 공주 반포 지역에서 40 여분의 거리에 있다. 문화유적지들이 옹기종기 모여있어 둘러 보기에도 편안하다. 한 번에 볼 수 있어서 시간 절약도 한몫한다. 살기 좋은 내 고장 충남! 유네스코 세계 문화유산에 등재된 부여 부소산성 고란사, 내가 사는 곳과 그리 멀지 않으니 언제나 마음만 먹으면 갈 수 있을 것이다. 언젠가 기회가 되면 그때 바라만 보았던 낙화암 백화정을 오르리라. 남녀 간의 애틋한 사랑을 비유해 사랑나무로 불리는 연리목도 안아 보고, 백제의 숨결이 깃든 고즈넉한 태자의 숲길도 걸어보리라. 비록 백제는 사라졌지만, 백제의 절 고란사의 종소리는 울려 퍼지리라. 삼천궁녀의 넋을 위로하듯 오늘도 내일도 울려 퍼지리라. 지금도 내 귓가엔 고란사의 종소리가 들려 오는 듯하다.

문중의 꽃

산비탈을 오르자 할미꽃이 연신 고개를 숙이며 반긴다. 함초롬히 피어난 꽃이 신기해 한참을 들여다보다 스마트폰 카메라에 담았다. 요즘 보기 귀한 꽃이지 않은가. 슬픈 추억이란 꽃말처럼 할미꽃은 호호백발의 모습으로 외로이 오씨 문중의 묘지를 지키고 있었다.

한식날을 맞아 아버지 묘소를 찾았다. 정성스레 준비한 제물을 일가친척들과 목기에 담아 차례상에 올렸다. 비가 온다는 일기예보와는 달리 날씨가 좋았다. 무척이나 하늘은 청명했지만 내 마음에 이상기류가 일었다. 나도 모르게 마음에 없는 소리를 하고 말았다. 땅속에 계신 분이 무슨 말을 한들 알아듣겠냐만 차례상 앞에서 내게 사탕 한번 사준 적 없는 분이라고 한 것이다.

나이 들면 어린애가 된다더니 내가 꼭 그 짝이다. 내 나이와 땅속에 계신 아버지의 세월과 비슷하니 얼굴조차 기억에 없는데 사탕을 사준들 어찌 먹을 수 있었겠는가. 아마도 음식 준비하느라 잠을 설친 탓에 심통이 난 건지도 모를 일이다. 이제는 마음에 여유가 있지만, 나이가 들어가니 간혹 일기 변화가 이는 것 같다. 그 또한 인생의 참맛을 음미해가는 과정이라고 애써 위안을 삼아본다.

누군가는 인생을 불안정한 항해라고 말한다. 그렇다. 인생의 굴곡이 없다면 삶의 묘미를 어찌 느낄 수 있을까. 앞만 보고 가던 길 멈추고 일생을 돌아본다. 순탄치 않은 내 젊은 날들이 아련히 떠오른다. 삶의 무게가 느껴진다. 그러나 나는 평소 긍정적인 마음으로 살고자 노력한다. 한 번뿐인 내 생이지 않은가. 지금껏 부모님께 세상에 태어나게 해준 것만도 감사하며 살았기에 더욱 그러하다.

한식날 음식은 언니네와 유사제로 준비한다. 유사제 도입은 몇 해 전 아버지 탄생 90세에 시작되었으니 아버지 구순 잔치를 내가 해드린 셈이다. 장남에게 시집을 와 내 할 도리 다하고 처음 장만하는 내 아버지 구순 한식 차례상, 남편이 더 공을 드렸다. 물심양면으로 도와 주었다. 제물거리 찬거리도 손수 손질해 주는 등 주방일도 마다하지 않았다. 맏이로서의 고난을 이겨낸 보답이었는지도 모른다.

아버지 기일은 음력 시월 열사흘로 내 아들 음력 생일날이다. 하지만 지금껏 한식날 묘소를 찾아 차례를 지낼 뿐 방안 제사는 한 번도 지내지 못했다. 그런데 신기하게도 제삿날 내 아들이 태어났다. 마치 당신 기일을 기억해 달라는 뜻처럼. 당신 기일을 그냥 지나쳐 섭섭하셨던 걸까.

매년 4월이면 아버지 묘소를 찾아 한식 차례를 하지만 기일이 되면 내 나름 예의를 갖춘다. 아버지 묘소를 향해 묵념을 한다. 당신 핏줄들을 평안하게 해주십사 축원을 드린 지 벌써 몇십 년이던가. 어느새 삼십 대 중반이 된 내 아들이 태어난 후부터였으니 말이다. 그러나 요즘엔 아들이 여럿 있는 분들도 한식날 조상들을 초대해 차례를 지낸다니 우린 시대를 한참이나 앞서 왔지 싶다.

나는 대소사를 여러 번 치루어 왔다. 맏이라는 책임감 때문에 마음고생도 많았다. 아버지 한식 차례 유사제도 그런 이유에서 도입한 것이다. 나의 제안으로 격년제로 하게 되었다. 유사를 한 이듬해엔 떡과 밥을 하고 유사는 차례상에 올릴 제물과 음식을 하기로 한 것이다. 그렇게 분담을 하니 서로 부담도 덜 되고 마음도 편안했다. 그리하면 자식들 마음도 편하지 싶어서였는데 그리하길 참 잘했지 싶다. 자매간에도 서로 바쁜 일상에 얽매여 따뜻한 집밥 한번 나누지 못하는데 일 년에 한 번이라도 한식날이면 서로의 손맛을 볼 수 있기 때문이다.

'행복하게 나이 드는 비결' 이란 주제의 책이 생각난다. 그 책은 나이가 든다는 것은 인생완성의 과정이라고 했다. 그래서 나이 들어갈수록 사람이 그리워지는 것일까. 매년 4월이면 일가친척들과 아버지 묘소를 찾아 지내는 한식 차례, 예전과 달리 그런 자리를 마련해

준 아버지께 감사하게 생각되니 말이다. 슬픈 전설처럼 무덤가에 돋아난 할미꽃, 오씨 문중의 그 꽃은 오늘도 조상들의 묘지를 지키고 있으리라. 봄볕 아래 다소곳이 문중의 이야기를 듣고 있을 소박한 꽃을 그리며 나도 조상들을 생각하게 되는 봄이다.

하롱베이의 봄

3월 초 우리 부부는 평소 가까이 지내는 부부와 함께 넷이서 베트남 하노이 하롱베이 여행을 했다.

인천공항에서 출발한 아시아나 항공기는 5시간여 되어 하노이 노이바이 국제공항에 도착했다. 입국심사를 마치고 화물칸에서 짐을 찾아 공항건물 밖으로 나오자 여행사 팻말을 든 한국인 가이드가 반갑게 맞아 주었다. 그동안 해외여행은 단체로만 다녀서인지 내심 걱정이 앞섰는데 한국인 가이드를 보는 순간 마음이 푹 놓였다. 야자수 나무가 즐비한 공항 밖 풍경이 낯선 이국 땅 임을 실감 나게 했다.

베트남의 수도 하노이 중심에 위치된 풍광 좋은 호텔에서 첫 여정의 발걸음을 쉬었다. 이튿날 맞이한 호텔 내 뷔페식당은 한국인들로 붐비었다. 하노이 하롱베이 명승지에서도 자연스레 한국인 관광객들과 마주쳤다. 마치 10여 년 전 중국의 수도 북경과 장가계 여행할 때를 연상케 했다. 그 모든 현상은 베트남에 볼거리와 먹거리가 풍부함에도 원인이 없지 않았겠지만, 중국의 사드 보복에 따른 결과인 듯했다. 나 또한 중국여행을 기피하고 있으니 말이다.

우리는 경기도 파주에서 온 여덟 명의 여성 여행객들과 한 팀이 되었다. 우리 팀 넷과 총 열두 명이 45인승 관광버스로 편안히 이동했다. 아침 식사 후 버스로 두어 시간 거리의 옌트산 국립공원으로 향했다. 차창 밖 들녘은 푸르렀다. 한창 모내기로 바빴다. 기계화된 우리나라와는 달리 손으로 모를 심고 있었다. 그런데 논에 다양한 모습의 묘지가 자리 잡고 있었다. 베트남의 이색적인 묘지풍경이 우리들의 시선을 집중시켰다. 주로 산에 묘지를 쓰는 한국의 장례문화와는 퍽이나 달랐다.

가이드의 말로는 베트남은 한국의 봄, 여름, 가을에 해당하는 시기가 우기이고 겨울이 건기로 난방이 필요 없는 나라라고 한다. 기후상 3모작을 한다는 것이다. 한국에서 쌀밥을 먹는 것과 같이 베트남에서는 쌀국수가 주식이라고 한다. 세 명의 왕이 부처가 되어 산을 지킨다는 전설의 옌트산은 베트남 불교의 대표적인 성지로 알려져 있다. 하롱베이와 하노이 중간에 위치되어 있는 곳, 우리는 푸른 숲이 울창한 베트남 산악지대를 케이블카로 이동했다.

그곳은 몇백 년 된 나무와 수백 개의 사리탑이 모셔진 베트남 북

녘지역의 관광명소로 한국의 사찰과는 사뭇 다른 풍경이 눈길을 끌었다. 교통수단으로 한국에서는 볼 수 없는 베트남 전동차 탑승이 흥미로웠다. 더욱이 3천여 개의 기이한 섬으로 둘러싸인 하롱베이 선상에서의 식사와 노래방은 무척이나 낭만적이었다. 푸른 바다 위에서 즐겼던 우리 일행들만의 음악회와 각종 해산물의 묘미는 지금도 흥겨움 속에 군침을 돌게 한다.

그렇듯 하롱베이는 자연이 빚어낸 베트남 최고의 걸작품이라 칭해도 부족함이 없어 보인다. 세계 8대 비경으로 유네스코 세계문화유산으로 등록되었다니 동양 최대 절경이라 해도 과언이 아닐 것이다. 우리 일행은 유람선과 스피드보트를 타고 석회동굴과 기암괴석의 무수한 섬, 하롱베이 전경을 감상한 후 티톱섬 전망대에 올랐다.

하롱베이의 명소인 티톱섬의 지명유래는 이렇다. 리토프는 인류 최초 러시아 우주 비행사로 호찌민 대통령 초대로 베트남에 오게 되었다고 한다. 그때 하롱베이를 둘러본 티톱이 아름다운 하롱의 섬에 반해 그 많은 섬 중 하나만 달라고 했다는 것이다. 그러나 호찌민은 이 땅은 국민의 것으로 대통령도 마음대로 할 수 없다며 그 대신 티톱이란 이름을 붙여주었단다. 그러니 호찌민은 진정 베트남을 사랑한 위대한 지도자이지 싶다. 우리는 티톱섬 전망대에서 끝없이 펼쳐진 신비로운 하롱의 섬을 마음껏 감상하고 티톱섬 백사장으로 향했다.

티톱섬 백사장엔 일광욕을 즐기는 몇몇 관광객들이 벤취에 누워 있을 뿐 비교적 한산했다. 우리 일행도 잠시 벤취에 앉아 휴식을 취하려는데 가냘프지만 강렬한 눈빛의 현지인 아가씨가 다가왔다. 자신의 집게손가락을 힘껏 펼쳐 보이며 "1달러 1달러"라고 외쳐댔다. 4인 4달러이니 아주 비싼 자릿세였다. 가이드의 중재로 1달러로 합의를 보았지만, 왠지 도둑맞은 기분이었다. 엉덩이를 의자에 붙이자마자 일어나 1달러를 지불했으니 그리 유쾌한 기분은 아니었다.

주위를 살펴보니 멀찌감치 해변가 입구에 조그맣게 "1인 1달러"라고 써놓은 팻말이 있건만 미처 보지 못했었다. 언어와 문화가 다른 곳, 낯선 해외 여행길에 오르다 보면 누구나 한 번쯤은 겪을 수 있으리라. 말이 통하지 않아 온갖 제스처를 동원해 물건을 흥정했던 하롱의 야시장이 정겹게 느껴지는 것처럼 여행은 관용을 가르친다. 그래서 여행은 마음을 넓히고 안목을 기르는 좋은 수단이 되기도 함을 느낀다.

울타리

유난히도 행사가 많았던 지난해 연말, 남편과 나는 잠시 바쁜 일상을 접고 서울행 고속버스에 몸을 실었다. 몇 달 전 혼례식을 올린 아들 며느리의 초대에 참석하기 위해서였다. 그날은 공교롭게도 부부동반 망년회가 예정되어 있던 날이었다. 그래서 내심 추운 날씨를 핑계로 다음에 갔으면 했으나 며늘애는 한사코 이번에 꼭 올라오라는 것이었다. 신접살림을 차린 후 우리를 먼저 초대하고 싶다며 서울 나들이 중 제일 가고 싶은 장소까지 꼭 정해 오라는 말을 덧붙였다. 그래서 우리는 다른 일정을 뒤로하고 아들네를 향했다.

연말에 가까운 주말이라서였는지 우리 부부를 태운 공주발 고속버스가 서울의 목적지에 도착할 즈음엔 교통체증이 심했다. 고속버스가 거북이걸음으로 강남터미널에 도착했을 때 이미 날은 어둑해져 가고 있었다. 복잡하고 시끌시끌한 서울에 내리고 보니 영락없는 시골 사람들처럼 정신이 없어서 수많은 사람들 틈에서 발견한 아들이 새삼 그리 반가울 수가 없었다.

무에 그리 바쁜지 모두들 재빠른 걸음으로 이리저리 치닫는 사람들 틈을 비집고 지하철을 타러 가면서 행여 아들을 놓칠세라 긴장하며 그 뒤통수를 따라 지하철에 올랐다. 아들을 따라가며 이제 더 이상 자식을 키우고 지키는 보호자라기보다 이젠 자식의 보호를 받는 나이가 되었음을 실감했다. 오랜만에 하는 서울 나들이에 내심 가슴 부푼 나머지 점심을 대충 때워서였을까. 저녁밥 먹을 시간이 얼마 되지도 않았는데 무척이나 배가 고팠다. 강남역에서 아들네의 신혼집까지 시간이 얼마 걸리지도 않는데 지하철로 이동하는 내내 허기가 느껴졌다.

아들네 집은 목동 빌라촌으로 비교적 한적했다. 아기자기하게 꾸며진 보금자리에 이르자 며늘애는 혼자 저녁상 준비로 분주했다. 잠시 후 살뜰하게 준비된 저녁상이 차려져 나왔다. 그 밥상은 내가 세상에 태어나서 처음으로 누군가로부터 대접받는다는 마음으로 받아본 처음의 만찬상이었다. 그동안 나는 내 손으로 조석을 끓여 먹고늘 남을 접대만 해왔는데 가만히 앉아서 그 상을 받고 보니 감개가 무량했다.

무남독녀로 자란 며느리이기에 별 기대는 안 했는데 예상외로 음식을 잘 차렸다. 온갖 정성 다 들여 남편과 나의 식성에 맞춰 준비한 것임을 한눈에 알 수 있어서 더욱 대견했다. 대학 졸업 후 직장생활 하느라 음식 배울 시간이 얼마나 있었겠나 싶은데 이튿날 아침밥까지 맛깔스레 차려 내오니 밥을 먹기도 전에 배가 부른 듯했다. 자식 키워 여우살이 시킨 보람을 이렇게 느끼는가 싶었다.

이튿날 아침 식사를 한 지 두어 시간이 되자 며늘애는 직화 냄비에 구었다며 금세 따끈따끈한 군고구마를 간식으로 내왔다. 그때 맛본 속이 노란 군고구마는 꿀맛이었다. 내 어릴 적, 간혹 점심밥을 대신했던 고구마가 이제는 그렇듯 별미로 바뀌어 대접받는 음식으로 승진한 것이 우습기도 했다.

간식을 먹은 후, 아들 내외가 우리를 안내해 데려간 곳은 남산공원이었다. 남편과 나는 1970년대를 공유했던 그 세대의 추억을 이야기하며 아들 내외와 남산 케이블카에 몸을 실었다. 몇십 년 만에 케이블카 창밖으로 내려다본 서울의 풍경은 딴 세상 같았다. 얼마 후 케이블카에서 내려 남산 팔각정에 이르자 그곳에선 아들네와의 첫 나들이를 마치 축하라도 해주듯, 풍물공연행사가 흥겹게 펼쳐지고 있었다. 어려웠던 내 청년기가 고스란히 머물러 있는 곳, 그곳에서 흥겨운 풍물놀이를 편안히 즐기고 있자니 만감이 교차했다. 그 시절 나는 친구들과 고민을 나누거나 불투명한 미래를 걱정하며 남산 팔각정을 오르내리곤 했었다. 그런데 이제는 그 추억의 거리가 많이 변모되어 있었다. 특히 남산의 서울타워 주변으론 만리장성을 이룬 사랑의 자물쇠 길이 볼만했다. 사랑하는 사람들이 서로 마음을 담아 자물쇠를 걸고, 그 사랑이 영원하길 기원하는 아름다운 거리로 이미 관광명소가 되어 있었다. 여유가 생긴 세대의 삶의 새로운 면모를 보는 듯했다.

원래 인경산이라 불렸던 남산이 역사적으로 주목받기 시작한 것은 조선왕조가 건국되면서부터라고 한다. 일찍이 태조 이성계가 도읍을 서울로 옮기고 도성의 남쪽에 있는 산이라 하여 남산이라 불렀단다. 태조5년(1396)부터는 남산에 성곽을 쌓는 등 봉수대와 국사당을 건립해 나라를 지키는 신과 스승을 모시는 영적인 산으로 여겼다고 한다. 그러나 일제 강점기 때 일본은 남산에 침략의 중심기관을 만들기 위해 우리의 문화유산인 서울성곽과 봉수대 국사당 등을 철거했단다. 그러나 일제가 훼손한 남산 한양 도성 성곽 일부가 100여 년 만에 모습을 드러내 그 위용을 자랑하고 있었다. 유네스코 세계문화유산 후보로도 올라 있다니 참 소중한 문화유산이라는 생각으로 다시금 새롭게 남산을 둘러 보았다.

우리는 흔히 자식을 울타리라고 한다. 태조왕도 성을 국가의 울타리라고 백성을 보호하기 위함이라며 직접 산에 올라 성 쌓을 곳을 살폈다고 한다. 그 마음 씀이 부모가 자식을 향하는 마음과 다르지 않았을 것이다. 한양 도성의 울타리를 지켜보며 든든한 울타리로 자라준 자식이 부모의 울타리처럼 느껴지니 나도 이제 나이가 들어가는가 싶다.

아들 내외가 마음 써 준 덕분에 귀한 대접을 받고 참으로 오랜만에 남산의 한양 도성을 둘러보고 온 서울 나들이는 여러모로 의미 깊었다. 상경 때와는 달리 귀경길 발걸음은 한결 가벼웠고 마음 또한 뿌듯했다.

4월의 노래

두릅을 따다가 새끼손가락에 가시가 박혔다. 곧바로 가시를 제거했으나 며칠이 지나도 통증이 가시지 않았다. 나는 미처 가시가 다 제거되지 않아 손가락이 덧날까 싶어 가시에 찔린 새끼손가락 부위를 바늘로 쑤셔댔다. 그러자 손가락이 퉁퉁 부어올랐다. 어찌나 통증이 심하던지 밤잠을 설쳤다. 이튿날 서둘러 출근하자마자 약국으로 향했다.

약사는 쇳독인 것 같다며 소염제를 건넸다. 소염제를 복용하자 서서히 붓기가 빠지기 시작했다. 퉁퉁 부어올라 뻣뻣했던 새끼손가락이 구부러지고 통증도 차차 가라앉았다. 4월 내내 손가락 때문에 얼마나 신경을 썼던지 마당가 목련꽃이 지는 줄도 몰랐다. 해마다 4월이 오면 학창시절 즐겨 부르던 '4월의 노래'를 흥얼거리곤 했는데 올핸 잊고 살았다. 나만의 휴식을 만끽하지 못했다. 은은한 꽃향기에 취해보지도 못한 채 봄이 가는 소리를 듣고 있다. 문득 장미 가시에 찔려 죽음에 이르렀다는 서양의 시인 릴케가 떠오른다.

릴케는 죽기 얼마 전까지도 자신이 백혈병에 걸린 사실을 모른 채 장미 가시에 손가락이 찔려 죽음에 이르렀다고 전해진다. 백혈병으로 저항력이 약해져 파상풍이 발생했다는 것이다. 그 균이 온몸에 퍼져 결국 세상을 등졌다니 평생 장미를 사랑한 낭만적인 시인으로 기억될 만도 하겠다. 실제로 릴케는 손수 장미를 심고 가꾸고 장미 향기에 취해 시를 썼다니 말이다. 물오른 연둣빛 4월! 내 손가락이 두릅나무 가시에 찔리지 않았다면 어찌 릴케의 삶과 죽음을 떠올릴 수 있었을까.

봄의 전령사로 불리는 나무두릅과 땅두릅은 우리 농장의 귀하신 몸이다. 흙 속을 비집고 나오는 땅두릅은 남편이 좋아하지만 나는 가시를 품고 있는 나무두릅을 더 좋아한다. 나무두릅은 특유의 향으로 내 입맛을 돋우어준다. 나른한 봄날, 몸에 활력을 준다. 입안 가득 봄 향기가 물씬 묻어난다. 그래서 그날도 입맛 돋는 식탁을 기대하며 두릅 채취에 나섰다가 그만 가시에 새끼손가락을 찔리고 말았다. 애초엔 대수롭지 않게 생각했는데 나의 잘못된 판단으로 그 사단이 난 것이다. 긁어 부스럼을 낸 꼴이다.

한가한 시간이면 가시 찔린 손가락에 신경이 더 쓰였다. 그런데 때맞춰 4월 휴일 내내 봄나들이할 일이 생겼다. 그중 초등학교 동창생들과의 만남이 긴 여운을 남긴다. 코흘리개 어릴 적 동무들이라선지 스스럼이 없었다. 대전 중구 외곽에 사는 남자 동창생네 집에서의 숯불구이 파티는 좋은 추억으로 기억된다. 열 명 남짓 모여 지난날들을 이야기하며 내일을 약속했다. 기업처럼 농장을 운영하는 어릴 적 친구네서 쌀도 사고 싱싱한 야채도 덤으로 얻어왔다. 그 친구 부인의 노고와 배려에 다시금 감사드린다. 식탁에 앉으면 그때의 온정 깃든 밥상을 마주한 듯 가슴이 따뜻해진다.

우리는 6년 동안 함께 뛰어놀고 모든 것을 함께 했던 추억의 공유자들이었다. 조그만 시골학교라 한 학년에 한 반밖에 없었으니 선택의 여지가 없었던 것이다. 1학년에서 6학년까지 전체라야 6학급에 불과했다. 그날 푸짐한 숯불구이 파티처럼 우리들의 이야기꽃도 활짝 피어올랐다. 자연스럽게도 맑고 순수했던 어린 시절의 기억 속으로 되돌아갔다. 단발머리 시절의 친구들과 까까머리 시절의 친구들이 모여 앉으니 그동안의 세월은 까맣게 지워지고 그대로 어린아이들이 된 것 같았다.

세월이 약이라더니 4월 휴일 내내 바쁘게 살다 보니 새끼손가락 통증도 얼추 가시었다. 아직도 붓기는 남아있지만 생활하는 데 불편함은 없다. 내게 병 주고 약을 준 4월, 그러니 4월은 결코, 잔인하지만은 않았다. 잔뜩 움츠러드는 마음을 세상 밖으로 끄집어내 주었다. 나이 듦의 여유로움일까. 두릅나무 가시에 찔려 잠시 고생은 했지만 내 몸이 건강할 때라 다행이었다. 곪지 않고 제자리로 돌아와서 천만다행이다. 살다 보면 그보다 더 한 일도 겪을 것이다. 겉으로는 멀쩡해 보여도 정신적 장애가 있는 사람, 가시처럼 날카로운 사람을 누구나 한 번쯤은 접하리라.

4월의 끝자락에서 나는 전혀 예상치 못했던 일을 겪었다. 미용실 개업 이래 처음 있는 일이다. 4월 어느 날 아침, 미수의 나이를 훨씬 넘긴 듯한 여성 고객이 내 가게 출입문을 열고 들어섰다. 그녀는 불교 신자인데 경상도에서 계룡산 어느 산사로 참선 공부를 하러 왔다고 했다. 그 고객의 요청대로 머리칼을 손질했건만 잘려진 머리칼을 주워 도로 붙여 달라는 것이었다. 황당했다.

어린아이라면 뭘 몰라서 그런다지만 세상을 살 만큼 산 분이 마구 생떼를 썼다. 고운 인상과는 거리가 멀었다. 마음의 병이 깊었던 걸까, 요금을 받지 않는 것으로 해결은 했지만, 마음이 씁쓸했다. 4월 초부터 4월 말까지 액땜치고는 요란했던 4월은 갔다. 그러니 올해는 잘 넘기겠거니 하고 4월의 노래를 흥얼거려본다.

쌍수정과 장미

장미꽃 흐드러진 6월이다. 정열의 꽃, 장미는 올해도 마을 어귀 국도변을 환히 밝힌다. 꽃의 여왕답게 마음껏 아리따움을 과시한다. 곱게 치장하고 외출하는 여인네 같다. 우리 집 담장에도 진홍빛 장미가 환희에 찬 모습으로 피어난다. 수천 송이의 꽃들이 6월의 향연을 펼친다. 살랑이는 바람결에 농익은 꽃향기를 날린다. 6월은 실로 아름다운 장미의 계절이다. 자연이 준 호화로운 잔칫날 같다.

6월은 내게 특별히 의미 깊은 계절이다. 평생 기억될 것이다. 24년 전의 일이다. 그때 나는 공주 공산성 쌍수정에서 치러지는 '공주시 백일장'에 참가했었다. 공주시에 거주지를 둔 여성이면 누구나 참여가 가능했기에 일단 자격요건이 되었다. 가게 문을 닫아야 했기에 신경이 쓰였지만 내 발길은 그곳을 향했다. 일찍이 여러 여성 문예지에 응모해 입상은 했지만, 그땐 시 공부를 하고 있었기에 내 능력을 시험해보고 싶었는지도 모른다.

1995년 6월 중순경, 어느 날이었다. 오전 10시가 되자 공산성 쌍수정 잔디밭엔 많은 인파로 붐볐다. 어디서 왔는지 사람들이 구름처럼 몰려들었다. 삼삼오오 짝지어 행사장을 가득 메웠다. 아는 사람 하나 없는 나는 홀로 괜스레 주눅이 들었다. 하지만 부담감은 없었다. 그날 백일장의 운문 부분의 제목은 '꽃'이었고 산문 부분의 제목은 '장바구니'였다. 나는 6월의 피는 꽃이 무엇인지 생각에 잠겼다. 소재 거리를 찾고자 한적한 벤치에 한참을 앉아 있었다. 그런데 문득 내 앞에 우리 집 뜨락이 눈부시게 펼쳐지는 것이었다.

그것은 강렬한 눈빛의 장미였다. 금세 컴컴했던 내 눈앞이 환해졌다. 그렇게 탄생한 나의 시 제목이 '장미꽃'이었는데 그때 나는 그 시로 운문부 장원의 영예를 안았다. 그러나 시상식엔 참석하지 못했다. 그날 종일 가게를 비울 수 없어 작품만 내고 출근했는데, 때맞춰 미용일을 하는 후배가 놀러 왔다. 한나절이 지나도록 가게를 비운 뒤라 한가로이 내 머리 파마를 하고 있었는데 백일장 행사장에서 전화가 온 것이다. 내가 쓴 '장미꽃'이 장원을 했다며 공산성 쌍수정으로 빨리 오라는 것이었다. 아! 머리에 수건을 뒤집어썼으니 어찌 갈 수 있으랴.

전혀 예상치 못했던 결과였다. 상을 받을 줄 알았으면 어찌 그 자리를 비웠으랴. 장원상을 수상할 줄 알았다면 되늦게 왜 출근을 했으랴. 이튿날 공주문화원에서 상장과 부상을 받아왔지만, 두고두고 아쉬움으로 남는 일이다. 겉치레가 무에 그리 중요하랴만 지금 같아선 콜택시라도 불렀을 것이다. 당당하게 시상식 자리를 지켰으리라.

그 당시 공주시 백일장 심사의원은 '풀꽃' 시로 유명한 나태주 시인과 공주대 교수로 재직 중이던 구중회 시인이었다. 훗날 나는 모 문학 계간지에서 등단한 후 나의 거주지인 충남의 시인협회 회원이 되었다. 백일장 때 심사의원이었던 나태주 시인을 그곳에서 만난 것이다. 나는 문학 모임 행사가 끝난 후 만찬장에서 나 시인을 찾아뵈었다. 처음 인사를 드린 것이다. 오래전 백일장이 치러지던 공주 쌍수정 광장에서 얼핏 얼굴만 보았는데 말이다.

나는 간단하게 나태주 시인께 모모 년도 '공주시 백일장'에서 장원을 한 아무개라고 소개를 했다. 그리고는 그때 수상을 예상 못 하고 머리 파마를 하고 있었던 중이라 시상식엔 참석을 못했노라고 했다. 그런데 나 시인께선 껄껄껄 웃으시면서 "에구 수건을 뒤집어쓰고 참석했더라면 더 인상 깊었을 텐데,"라고 하는 게 아닌가. 그리고는 그 백일장에서만 볼 수 있는 시상식 진풍경을 들려주었다. 어떤 수상자는 치과에서 이를 막 뽑고 와 마취가 덜 풀려 수상소감을 어눌하게 했다는 등, 또한 그곳 백일장 장원 출신들이 대학 강단과 문단에서 활발하게 활동한다는 등등, 공주시 백일장이야말로 역사가 깊다는 것이었다. 그렇듯 나 시인님은 푸근하게 대화의 문을 열어 주었다. 부담감이 없었다.

'풀꽃' 시는 그의 모습처럼 짧고 간결하다. 수채화처럼 맑고 투명하다. 쉽게 읽혀져 오늘날 만인의 사랑을 받는지도 모른다. 시인은 어느 문학 콘서트에서 시는 짧고 간결해야 한다고 했다. 나 또한 간결한 시는 선호하기에 공감이 갔다. 그런 의미였을까. 비교적 간결하게 쓴 나의 시가 그때 그 백일장의 장원의 영예를 안았으니 말이다.

평생 글쓰기에 쏟은 나의 열정만큼 정이 가는 장미꽃이다. 오늘도 장미가 내게 눈을 맞춘다. 살포시 고개를 돌리고 바람결에 꽃잎을 날린다. 가는 세월 어찌 잡을 수 있겠느냐고 한숨을 짓는 것 같다. 그러나 나는 나이가 들어도 정열의 꽃 장미처럼 열정을 잃고 싶지 않다.

고단했던 시절, 내게 희망을 안겨준 공주 공산성 쌍수정! 조선시대(1624년) 인조임금이 이괄의 난을 피하여 그곳 누정에 머물렀다고 한다. 난이 평정되었다는 소식을 듣고 그동안 버팀목이 되었던 두 그루의 나무에 정3품의 벼슬을 내렸다고 한다. 그래서 성을 쌍수산성이라고 했다는 것이다. 그런데 훗날 이수항(1735년)이 관찰사로 부임해 그곳에 정자를 지었단다. 그것이 쌍수정이라고 한다.

백일장이 열렸던 그날을 그리며 오랜만에 공산성 쌍수정에 올랐다. 그때의 주차장 자리는 백제길 발굴작업으로 어수선했다. 그러나 내게 글에 대한 꿈을 키우게 해준 추억을 되새기며 고풍스런 성곽길을 걷다 보니 마음은 활력으로 넘쳐왔다. 장미의 계절이어서일까. 서쪽 하늘을 붉게 물들인 저녁노을도 장미꽃처럼 눈이 부셨다.

한여름 나들이

제주 가족여행은 꿈만 같았다. 지난 7월 말 폭염주의보에도 아랑곳없이 딸아이를 따라 2박 3일간의 제주 여행길에 올랐다. 제주공항에서 중문 관광단지로 가는 길에 제주의 숨은 명소로 드라이브코스로도 유명한 애월 해안가에 이르렀는데 무척이나 낭만적이었다. 바라만 보아도 금세 더위가 싹 가시는 듯했다. 우리는 그곳에 잠시 차를 세우고 시원하게 펼쳐진 푸른 바다를 한눈에 내려다볼 수 있는 찻집으로 향했다. 그곳에서 자연의 경관을 만끽하고 찻집 근처에서 애플망고를 사 들고서야 랜드카에 올랐다.

여행은 때로는 동심의 세계로 빠져들게 한다. 그래서 여행을 하면 정신이 젊어지는가 보다. 1960년대부터 80년대를 배경으로 꾸며진 추억의 테마공원 '선녀와 나무꾼'은 잠시 우리 부부를 꿈 많던 학창시절로 돌아가게 했다. 학창시절로 돌아간 양 교복을 입고 아련한 추억에 잠겨 그 모습을 기념사진에 담았으니 말이다. 기꺼이 카메라맨이 되어준 딸아이의 손길로 탄생된 이런저런 모습들을 보니 입가에 저절로 웃음꽃이 피어난다. 이따금씩 무료할 때 꺼내 보니 절로 생기가 솟아나기도 한다.

여행은 바쁜 일상에서 벗어나 스스로를 돌아볼 수 있는 반추의 시간이 되기도 한다. 앞만 보고 달리다가 문득 제자리에 서서 자신의 모습을 거울에 비추어보는 시간이 되기도 한다. 한여름 날, 딸아이의 주선으로 다녀온 제주여행은 큰 기쁨으로 추억의 한 장을 장식한다. 지금껏 총 여섯 번의 제주여행 중 봄에 세 번, 가을에 두 번, 한여름엔 이번이 처음이지만 가족여행은 몇 해 전 초봄에 이어 이번이 두 번째로 문화탐방을 겸한 알찬 여행이었다. 애초엔 딸아이와의 일본여행을 꿈꾸었지만, 남편의 반대로 제주행을 택했다. 그러나 지금은 그 선택에 아낌없는 박수를 보내지 않을 수 없다. 왜냐하면 여러 번 가보았어도 여전히 자연은 새롭게 아름다웠고 먹을거리, 볼거리도 풍부하여 역시 휴양지로 최고라는 생각을 다시금 하게 되었기 때문이다. 그것은 최근 어느 문화 기관에서 실시한 국내 여름휴가지 만족도 조사에서도 제주가 최고점을 받았다니 나만의 생각은 아닌 것 같다.

제주 여행길에서 빠뜨릴 수 없는 재미는 맛집을 찾아 즐기는 것인데 맛집 중에서도 나는 단연코 통갈치구이로 유명한 손맛촌을 꼽고 싶다. 추억의 기차 여행지인 '에코랜드' 근처에 있는 그 식당은 내

부시설과 주변 풍광이 좋을 뿐더러 음식 맛도 맛깔스러웠다. 그날 내 입맛을 자극한 건 주메뉴인 통갈치구이보다 전복물회였다. 쫄깃한 식감이 회를 좋아하지 않는 내 식성에 맞은 것이다. 지금도 배가 출출한 점심때가 되면 그때의 전복물회가 생각나 입안에 군침을 돌게 한다. 회는 좋아하지 않지만 내게도 이제 좋아하는 메뉴가 생긴 셈이다. 딸아이 주선으로 엉겁결에 간 제주여행은 마음에 많을 여운을 남기고 생기가 돌게 해준다.

특히 제주 천년의 숲 비자림은 언제가도 좋은 산책코스로 몇천 그루의 비자나무와 만여 그루가 숲을 이루고 있어 장관이다. 더욱이 그곳은 구백 년에 이르는 최고령 비자나무가 있어 천년의 숲으로 불리고 있었다. 우리가 그곳에 가는 날엔 비가 내렸다. 그러나 울창한 숲이 비를 막아 주어 아늑했고 오히려 흙냄새와 풀냄새가 숲속 가득 피어올라 피로한 정신을 씻어 주기에 안성맞춤이었다. 곳곳마다 야생초들과 들꽃들이 자라고 있어 날이 궂으니 더 마음이 편안했고 되레 걷기에 참 좋았다. 이름 모를 새소리 따라 꽃향기에 젖어 걷노라니 여독이 확 풀리는 것 같았다. 비와 더불어 삼림욕을 하니 그야말로 몸과 마음이 씻긴 듯 개운하기까지 했다.

비자림은 글자 그대로 비자나무가 가득한 숲인데 천년이 되어가는 고령의 나무들이 백여 년 전 벼락을 맞고도 건재해 사람들은 지금껏 그 비자나무를 신성하게까지 여긴단다. 신성한 나무가 자생하고 있는 아름다운 숲속을 걸어가자니 신선이 된 기분도 느낄 수가 있었다. 더욱이 그 숲속은 흙길, 자갈길, 돌담길 등 다양하게 꾸며진 산책로로 퍽 운치가 있었다. 비자림은 제주여행 중 꼭 찾아봐야 할 휴식처로 추천하고프다.

비자림에서 그리 멀지 않는 만장굴은 십 년 전 국내 최초로 세계 자연유산으로 등재된 곳이다. 유네스코는 등재 사유를 이렇게 말한다. '제주 화산섬과 용암동굴' 이란 이름으로 탁월한 가치를 지니고 있다고 말이다. 화산섬인 제주도에서도 만장굴은 통로와 높이가 세계적으로 큰 규모의 동굴이라 한다. 전 세계에 많은 동굴이 있지만, 만장굴처럼 내부가 잘 보존된 용암동굴은 드물다며 학술적으로도 그 가치가 큰 동굴이란다. 아울러 문화해설사의 말을 덧붙이면 만장굴의 명물로는 단연 거북바위인데 그 형상이 제주도를 닮아 붙여진 이름 이란 점이 인상적이었다.

한여름 날 제주 나들이는 나에겐 잊지 못할 달콤한 휴식이었다. 무료한 시간 눈을 감으면 마치 제주 애월 해안가를 마주한 듯 에메랄드빛 바다가 눈부시게 펼쳐진다. 더위를 이기려면 피하지 말고 그 더위 속에 뛰어들어야 한다는 말이 새삼 공감이 간다. 더워서 육체적 고행이 좀 있었다 해도 역시 여행은 정신적 충만함을 경험하는 좋은 시간이 아닐 수 없다. 특히나 자식의 사랑과 배려로 이루어진 여행이라서 더욱 뿌듯하고 감사하다.

잃고 얻는 것

6월 하순경 코흘리개 친구들과 뜻을 모아 대청호에 갔다. 1983년부터 대통령의 별장으로 이용되었던 청남대를 다녀왔다. 그곳은 2003년부터 일반인들에게 개방되었다고 한다. 누구나 마음만 먹으면 갈 수 있는 곳이 된 것이다.

우리는 대청호반에 자리한 청남대를 향하며 어린 시절로 돌아간 듯 버찌와 보리수도 따 먹었다. 그 시간만큼은 아무런 걱정이 없었다. 어릴 적 친구들과 누릴 수 있는 특혜이지 싶었다. 양떼구름 한가로이 뛰노는 쪽빛 하늘처럼 풋풋했던 초여름 나들이는 꿈만 같았다. 나의 부주의로 귀갓길에 생긴 선글라스 해프닝만이 옥에 티가 되었다.

풍광 좋은 청남대 답사를 마치고 귀갓길에 오르는데 선글라스가 보이지 않았다. 빈 케이스만 덩그러니 남아있었다. 순간 아이스크림으로 목을 축이던 청남대 휴게소가 떠올랐다. 혹 그곳에 놓고 온 건 아닐지 수차례 전화를 했으나 통화가 안 되었다. 그런데 조금 있다 보니 다행스럽게도 내가 탄 차 안 뒷좌석 바닥에 떨어져 있었다. 반갑기 그지없었다. 이산가족을 만난 듯했다. 분실된 줄만 알았던 선글라스이어선지 더 귀히 여겨졌다. 행여 또 내 손아귀에서 벗어날까 조심스레 가방 속 깊이 넣어 두었다.

그 선글라스는 몇 해 전 딸아이가 어버이날 선물로 사주었다. 남편과 내게 특별선물이라고 마련해 준 것이었다. 남편은 자신의 것으로 평소 마음에 두었던 맥가이버 선글라스를 골랐다. 그러나 나는 딸아이가 추천해 준, 알이 큰 원형 뿔테 선글라스를 선택했다. 어떤 선물이든 소중히 간직하는 나와는 달리 남편은 그러하지 못하다. 그런 까닭이런가. 딸아이에게 선물 받은 고가의 선글라스를 사랑 땜도 못하고 잃어버렸다. 그것도 마을 친목회 여행길 관광버스 안에서 말이다.

남편의 선글라스는 디자인이 특이했다. 귀갓길 차 안에서 내 눈에 띈 그 선글라스가 다른 사람의 것이 되어있었다. 마치 관광버스용 전시품처럼 이리저리 옮겨 다녔다. 나는 자신의 물건을 제대로 관리하지 못한 남편이 원망스러웠다. 그런데 남편 말에 의하면 일행 누군가가 자신이 쓰고 있는 선글라스를 한번 써본다고 벗겨갔다는 게 아닌가. 황당하게도 그렇듯 자기들끼리 돌려가며 사용하고는 어찌

되었는지 모른다는 것이었다.

맥가이버 선글라스는 그렇게 사라졌다. 애지중지하던 남편의 선글라스는 딸아이가 결혼 전 큰맘 먹고 선물했기에 마음이 무거웠다. 그러나 아무도 책임지지 않았다. 너무나 섭섭해 귀가 즉시 관광버스 기사와 휴게소에 분실신고를 했다. 자초지종을 털어놓았다. 혹여 버스 안 어딘가에 끼어있거나 귀가 중 휴게소의 버린 쓰레기통에 휩쓸린 건 아닐까 해서다. 그런데 이튿날 전선을 타고 들려 온 건 찾지 못했다는 썰렁한 말 한마디 뿐이었다.

남편은 더는 맥가이버 선글라스를 고집하지 않는다. 요즘엔 이런저런 인연으로 간직하게 된 다른 선글라스를 쓰곤 한다. 평범한 가격대이니 여행 갈 때도 전혀 부담감이 없다고 한다. 그러나 모자 사랑은 여전하다. 모자 값은 선글라스 값에 비하면 얼마 안 되는 것이긴 하지만 연거푸 분실하니 속상했다. 새로 산 모자도 몇 번이나 잃어버렸다. 어쩔 땐 모자를 사자마자 분실한 적도 있으니 허망함을 그 어떤 말로 다 표현할 수 있으랴. 잃어버리는 게 어찌 선글라스와 모자뿐이랴만 가장 많은 분실 품목이 모자인 것이 그래도 참 다행이다.

변명의 여지가 없어서일까. 요즘 들어 남편은 어떤 물건이든 잃어버리면 내게 이렇게 말한다. 사람도 잃어버리고 사는데 그까짓 게 무에 그리 대단하냐고 한다. 그렇다. 어른들 말씀에 세상에 태어나는 건 순서가 있어도 가는 건 순서가 없다지 않은가. 근래 부쩍 주위 분들이 세상을 떴다는 소식을 접한다. 밤새 안녕이라더니 인생 무상함을 느낀다. 내 나이 때보다도 한참 아래 사람들의 비보엔 더욱 그러하다. 모든 병은 스트레스로 온다고 하지 않은가. 그래서 마음을 비우고 살고자 노력한다. 사람은 누구나 떠날 땐 빈손이니 그깟 물질 무슨 소용이 있으랴.

언제부터가 어떤 물건이든 잃어버리면 액땜한 것이란 생각이 들었다. 더 나쁜 일을 겪을 걸 대신한 거라고 스스로 달래곤 한다. 그러니 마음이 편했다. 사랑땜도 못한 남편의 선글라스와 모자도 그리 생각하니 위안이 되었다. 잃어버리는 게 어찌 물건뿐이랴. 친구도 인연이 없으면 멀어지는 경우가 많지 않은가.

나는 늘 하루 일상이 끝나면 조용히 눈을 감고 명상에 잠긴다. 물질 때문에 마음 빼앗긴 일은 없는가, 또는 남에게 상처를 준 일은 없는가 뒤돌아보곤 한다. 마음이 건강해야 질 좋은 삶을 살 수 있다고 생각되어서이다. 물건이든 사람이든 잃어버리고 나면 내게 있는 것이 소중한 것을 알게 되니 나쁜 일이 생겼다 해도 한탄만 할 일은 아니다. 그 또한 내 인생이 준 깨달음이다.